"十四五"职业教育国家规划教材

旅行社计调业务
（第2版）

主　编　吕海龙　佟安娜　全烽岐
副主编　王婉姝　刘文智　杨　薇
参　编　李奇文　孙　微
主　审　宋真君

北京理工大学出版社
BEIJING INSTITUTE OF TECHNOLOGY PRESS

内 容 提 要

本书作为高等职业院校旅游管理专业核心课程教材，通过对旅行社计调业务岗位的调研和分析，总结出计调岗位的典型工作任务及工作过程，以岗位情境为载体、任务驱动为导向，基于工作过程的教学模式，教学内容来源于真实的职业世界，切合职业工作实际；创建与企业真实工作情境尽量一致的学习环境和氛围，让学生主动建构起在职业活动中的社会身份。全书选择了三种典型计调岗位工作为切入点，即组团计调、地接计调和出境游计调，将每一类计调工作进行分解，详细介绍了计调工作能力要求和工作过程、方法与操作技巧，学生在学中做、做中学，融实践与理论为一体，使学生在完成具体工作任务的同时，掌握计调的工作方法和工作内容。

本书主要供旅游类专业学生使用，也可供旅行社计调人员及管理者、自学者参考。

版权专有　侵权必究

图书在版编目（CIP）数据

旅行社计调业务 / 吕海龙，佟安娜，全烽岐主编.
—2版.—北京：北京理工大学出版社，2021.11（2025.1重印）
ISBN 978-7-5763-0436-7

Ⅰ.①旅⋯ Ⅱ.①吕⋯②佟⋯③全⋯ Ⅲ.①旅行社
—企业管理—高等职业教育—教材 Ⅳ.①F590.63

中国版本图书馆CIP数据核字（2021）第261021号

责任编辑 / 阎少华		文案编辑 / 阎少华	
责任校对 / 周瑞红		责任印制 / 边心超	

出版发行 / 北京理工大学出版社有限责任公司
社　　址 / 北京市丰台区四合庄路6号
邮　　编 / 100070
电　　话 /（010）68914026（教材售后服务热线）
　　　　　（010）63726648（课件资源服务热线）
网　　址 / http://www.bitpress.com.cn
版 印 次 / 2025年1月第2版第2次印刷
印　　刷 / 河北鑫彩博图印刷有限公司
开　　本 / 787 mm×1092 mm　1/16
印　　张 / 13
字　　数 / 293千字
定　　价 / 49.90元

图书出现印装质量问题，请拨打售后服务热线，负责调换

前言

计调是旅行社三大业务岗位（计调、导游、外联）之一，也是旅行社的核心业务岗位，计调人员通过对与旅游活动相关的食、住、行、游、购、娱等项目的安排、策划、协调，保证游客能够顺利完成旅游活动。

一、教材编写思路

随着近年来旅游业的长足发展，计调岗位成为旅行社人才最为紧缺的岗位之一。本教材作为高等职业院校旅游管理专业核心课程教材，通过对旅行社计调业务岗位的调研和分析，总结出计调岗位的典型工作任务及工作过程，以岗位情境为载体、任务驱动为导向，以旅游企业人才需求为基础，以学生职业能力培养为目标，为高职学生量身设计基于工作过程的理实一体化教材，教材贴合基于工作过程的教学模式，以"典型工作任务"为主线，通过引导学生完成工作任务，实现了教学过程人人参与、深度参与的教学效果。

二、教材主要特色

《旅行社计调业务（第2版）》教材采取活页形式，以任务为单位组织教学，以活页的形式将任务贯穿起来，强调在知识的理解与掌握基础上的实践和应用，加强教材和学习者之间深层次互动。教材的编写将"教学过程"改造成"工作过程"，将"学科体系"转变为"行动体系"，师生在完成"工作任务"的同时达到教授与学习的目的，实现学生"为了行动而学习"和"通过行动来学习"的学习模式，学生在完成工作任务过程中形成直接经验，并以此种形式来掌握融合于各项实践行动中的知识、技能和技巧。学生在学中做、做中学，融实践与理论为一体，提高实践操作能力，为将来进入旅行社实习、就业奠定基础。同时，在教材中加入大量实践案例、规范操作、从业建议等内容，在培养学生的实践能力的同时，密切关注旅游市场的发展变化趋势，侧重对学生综合职业素质和职业迁移能力的培养。

三、教材内容组织

本教材以具体工作实务为基础，按先进、实用标准优化整合教学内容，选择了三种典型计调岗位工作为切入点，即组团计调、地接计调和出境游计调，在内容组织上，教学内容充分体现旅行社行业的最新理念，强调实用性和实践性，把教材内容和实际工作过程紧密结合起来，构建起融知识传授、能力培养、素质教育、操作技能实训于一体的教学内容体系。编写组对每一类计调工作进行分解，详细介绍了计调工作能力要求和工作过程、方法与操作技巧，使学生在完成具体工作任务的同时，掌握计调的工作方法和工作内容。

本教材是课岗赛证融合的成果，教材将课程标准与职业标准对接，书中的规范操作的内容与全国导游资格证考试"导游业务"部分相呼应，同时，通过旅游线路设计、旅游团队操作可以提升学生自主学习的能力，巩固所学习的专业基础知识，有助于学生参加全国职业院校技能大赛。此外，本教材除作为高职旅游管理专业教学用书外，也是校企合作的成果，教材可以作为旅游企业岗位培训的教材，同时，也可作为想从事旅游行业的人士的学习用书。

本教材由辽宁现代服务职业技术学院吕海龙、佟安娜、全烽岐担任主编，其中吕海龙负责全书的统筹和总纂，以及项目一和项目四的编写工作；佟安娜主要负责课程思政、知识链接等内容的编写融入，以及项目三地接计调部分内容的编写工作；全烽岐负责项目二组团计调业务部分的编写和教材内容的更新调整。辽宁交通高等专科学校王婉姝，辽宁现代服务职业技术学院刘文智、杨薇担任副主编，其中，王婉姝负责计调日常工作案例的搜集整理、行业企业现行相关表格模板的制作，出境游相关流程梳理，教材校对等工作；刘文智负责配合第一主编完成出境游计调部分内容的编写，负责行业企业案例搜集和知识图表的整理等工作；杨薇负责配合第二主编完成地接计调部分内容的编写，以及资料整理、文字编辑校等工作。辽宁大运通国际旅行社股份有限公司人力资源部经理李奇文负责中从业建议、规范操作部分内容编写，同时负责从行业的角度对教材内容进行规范和梳理；辽宁大运通国际旅行社有限公司副总经理孙微主要负责教学案例的编写与分析，负责操作模板的整理与编制，并从行业从业人员的角度对教材知识结构和编写思路进行指导。全书由辽宁现代服务职业技术学院宋真君主审。

本教材在编写过程中得到了辽宁大运通国际旅行社股份有限公司、辽宁和平国际旅行社有限公司、辽宁青年国际旅行社、沈阳鸿宇旅游有限公司等旅游企业专业技术人员和兄弟院校专业教师的鼎力支持与合作，是校企、校际合作的产物。另外，本书编写借鉴了大量的相关教材、书籍，在此谨向相关作者表示敬意和衷心的感谢！由于编者水平有限，书中难免存在疏漏和不当之处，希望广大读者和使用者批评指正。

编 者

目 录

项目一　计调业务概述 …………………………………………………………… 1

　　任务一　认识计调岗位 ……………………………………………………… 3
　　任务二　旅游线路设计 ……………………………………………………… 12
　　任务三　旅行社产品的价格策略 …………………………………………… 24

项目二　组团计调业务 …………………………………………………………… 47

　　任务一　认识组团计调 ……………………………………………………… 49
　　任务二　组团计调发团业务操作 …………………………………………… 58

项目三　地接计调业务 …………………………………………………………… 94

　　任务一　认识地接计调 ……………………………………………………… 96
　　任务二　地接计调接团业务操作 …………………………………………… 114

项目四　出境游计调业务 ………………………………………………………… 142

　　任务一　认识出境游计调 …………………………………………………… 144
　　任务二　出境游计调业务操作 ……………………………………………… 160

参考文献 …………………………………………………………………………… 201

计调业务概述

项目介绍

（1）计调作为旅行社主要业务岗位之一，是旅行社业务运转的核心，计调人员通过对与旅游活动相关的食、住、行、游、购、娱等项目的安排、策划、协调，保证游客能够顺利完成旅游活动。

（2）本项目主要介绍旅行社计调岗位的机构设置、工作内容、素质与能力基本要求，旅游线路设计的方法和原则，计调人员的营销意识，旅行社产品价格策略等基础知识。

知识目标

（1）熟悉旅行社计调岗位的分类和职责；
（2）了解旅行社计调人员的职业素质和职业意识要求；
（3）掌握计调人员在操作中常见错误的类型；
（4）掌握旅游线路设计的方法和原则；
（5）了解营销基本概念；
（6）了解旅行社产品价格策略。

技能目标

（1）能够初步掌握旅游线路设计的方法、原则；
（2）能够根据游客的需求设计一条内容完整的旅游线路。

价值目标

（1）培养学生的计调岗位职业意识和职业素质；
（2）提升学生对旅行社计调岗位的认识和了解；
（3）帮助学生理解旅行社岗位分工，为今后的实习就业和职业规划做好准备。

项目导读

这个黑锅不该导游背

北京某旅行社导游小李接待了一个外地来京的旅游团，小李按照行程安排，上午8：00接机，接机后安排入住酒店，并在酒店用早餐，早餐后前往故宫游览，中午12：30用午餐，午餐后前往颐和园游览。导游按照行程准时将游客接到了宾馆，并安排吃了早餐。但吃完早餐已经是上午10：00了，按计划游览完故宫，又安排客人12：30吃午饭。但客人觉得午餐和早餐间隔时间太短，希望延后用餐，但导游自己无权更改行程，而且一旦用餐时间改变，就不得不更改用餐地点，于是小李好说歹说让游客吃了午餐，但游客对小李很不满意。

请问：游客对小李不满意是因为小李的安排失误吗？

任务一　认识计调岗位

任务清单

任务名称	认识计调岗位
任务描述	计调作为旅行社的核心工作岗位，担负着游客和旅游团队食、住、行、游、购、娱的行程安排、价格制定、质量监督、账务汇总等的重要职责，计调人员的能力高低直接影响到旅行社的经营和发展，本任务主要介绍旅行社计调的基本能力和素质要求
任务目标	了解旅行社计调的基本能力和素质要求
任务要求	(1) 利用课余时间与本校实习或毕业的同学进行联系和沟通； (2) 实地考察旅行社，了解旅行社的岗位划分、各岗位职责
任务思考	(1) 计调岗位的定位是什么？ (2) 计调岗位具体的工作有哪些？ (3) 要想成为一名合格的计调工作人员，需要哪些知识储备和能力
任务实施	小组1讨论： (1) 计调的概念。 (2) 计调部门涉及哪些具体的工作？ 小组2讨论： (1) 计调的岗位职责有哪些？ (2) 计调在旅行社中的地位如何？ 小组3讨论： (1) 对计调人员的基本素质有哪些要求？ (2) 计调人员需要掌握哪些方面知识和技能
任务总结	通过完成上述任务，你获得了哪些知识或技能
实施人员	
任务点评	

一、计调的工作流程

1. 收集信息

旅游市场信息及政治经济文化社会动态；同行业信息和旅游市场分析报告；游客的反馈信息。

2. 编制计划

旅游团的接待计划；旅行社年度业务计划；本社旅游业务月、季报表；接待人数月、季报告。

3. 产品设计

分析特色旅游线路；研发旅游产品；制定价格。

4. 对外采购

询价和报价；选择和联络合作社；采购交通、住宿、餐饮等；核算各项常用业务成本，折扣价、挂牌价、交通票据价格等。

5. 安排落实

团队人数、服务等级、订房情况、抵离日期时间；与协作单位确认团队预定计划；团队运行中的调度变更。

6. 质量跟踪

旅游团队运行、导游服务、相关旅游接待等的质量跟踪补救。

7. 账目管理

核对账目，向财务部门报账；团款的收缴；账目结算。

8. 档案管理

整理团队相关资料；归档。

9. 客户维护

跟踪回访；建立客户档案；客户维护。

【做中学　学中做】

请归纳总结要成为一名合格的计调人员需要哪些职业素养？

二、计调基本概念

1. 计调的概念

计调，即计划和调度，是旅行社中为游客顺利完成旅游活动进行计划安排，协调保障的工作。

2. 计调业务范畴

旅行社的计调业务主要包括为实现旅游计划而进行的统筹安排、协调联络、组织落实、业务签约、监督检查等业务性工作。

3. 计调部门的具体工作

代表旅行社同旅游服务供应商建立广泛的协作网络，签约采购协议；为旅游团队或旅游者安排旅游活动中所需要的各种服务，包括安排食、住、行、游、购、娱等事宜，选择旅游合作伙伴和导游，编制和下发旅游接待计划；处理有关计划变更和突发事件；做好旅行社内部的联络和协调工作；统计和预测旅游需求；为旅行社管理人员进行业务决策和计划管理提供信息服务。

三、旅行社计调的分类

1. 组团计调

组团计调是在组团社内，根据游客的要求，设计行程，联系地接社，负责游客出行各项事务操作的专职人员。组团计调根据游客的出行目的地又可以划分为省内周边游计调、国内游计调和出境游计调。

2. 地接计调

地接计调是指在地接社中负责按照组团社的计划和要求确定旅游用车等区间交通工具、用餐、住宿、游览、安排导游等事宜的专职人员。按地接社接待游客的来源可分为国内接待计调和国际入境接待计调。

3. 专线计调

专线计调是指在旅行社的办事处或旅游批发商中专门负责某一条线路的设计、开发、运营的计调人员。专线计调要有获得所负责专线交通优势，能够获得航空公司的优惠、充足的机位安排，同时要熟悉自己所负责线路的宾馆、车辆、景区情况和对应地接导游的情况。专线计调往往还要对自己负责线路进行销售开拓，熟悉竞争者的产品情况，适时调整自己的线路设计，最大程度地满足组团社或游客的需求，获得组团社的支持。

4. 散客计调

散客计调是为出行的"散客"安排出游活动，在控制机票后以散客拼团为主要工作任务的计调。优秀的散客计调不仅要有敏锐的判断不同时期、不同季节散客出行量的能力，而且还应能够准确地预测并控制航班机位、车辆数量，或房间数量，做到既能满足需求，又能节约成本。由于"散客"数量多、需求差别大，因此要求散客计调要十分注意细节，随时关注机位、地接价格的变化。散客计调的工作在很多方面和组团计调一致。

四、旅行社计调的岗位职责

1. 收集信息

（1）收集和整理旅游市场信息及同行相关动态；

（2）向旅行社的决策层提供市场信息和分析报告；

（3）收集游客的反馈信息。

2. 编制计划

（1）承接旅游业务并向有关部门及人员分发旅游团的接待计划；

（2）编写旅行社年度业务计划；

（3）统计旅行社旅游业务月、季报表，编写接待人数月、季报告。

3. 产品设计

（1）分析其他旅行社推出的常规、特色旅游线路，策划与设计本社的旅游产品；

（2）不断地修改、制定和完善本社各条旅游线路及其行程安排，不断推陈出新，制定出符合当前旅游市场需求、能满足游客要求的旅游线路及适当的旅游价位。

4. 对外采购

（1）向协作单位询价和对外报价，选择和联络合作社；

（2）熟练掌握计调部采购的各项常用业务成本、景点门票及折扣价、酒店挂牌价和淡旺平季团队报价、陪同床价格及成团房间数、餐费折扣价、各类型旅游车报价、交通票据价格等。

5. 安排落实

（1）落实接待任务，如团队人数、服务等级、订房情况、抵离日期、下一站城市、航班或车次时间等；

（2）向协作单位确认团队预定计划；

（3）旅行团队运行中的调度变更。

6. 质量跟踪

（1）旅游团队运行质量跟踪补救；

（2）导游服务质量跟踪补救；

（3）接待社、各个旅游服务提供商服务质量的跟踪补救。

7. 账目管理

（1）旅游团队行程结束后，仔细核对账目，向财务部门报账；

（2）负责团款的收缴和与相关单位的账目结算。

8. 档案管理

团队操作完成之后，整理团队相关资料，归档。

9. 客户维护

团队行程结束后，及时进行跟踪回访，建立客户档案，进行客户维护。

五、计调在旅行社中的地位和作用

1. 贯穿旅游行程的始终

（1）计调人员在旅行社中要完成旅行社领导制订的工作计划；

（2）要核算成本、利润、毛利率，在团队开始前向财务部门支取备用款项，团队结束后进行报账；

（3）要与前台销售和外联人员保持密切沟通，保证产品销售顺利；

（4）要安排和督促导游人员做好团队接待工作，严格执行接待计划，提高服务质量。

2. 直接影响旅游团队的运行

（1）团队运行顺利，说明计调工作尽心尽责、规范到位；

（2）团队出现投诉和质量问题，说明计调在选择合作单位或安排导游等方面出现失误，不够严谨；

（3）处理投诉及善后事宜，如何降低损失、维护旅行社声誉及利益取决于计调的应变能力、工作经验；

（4）重大团队能否谈判成功取决于计调的业务知识和谈判能力；

（5）工作计划、线路设计有无创新，能否提高自身产品的竞争力，反映了计调的创新能力。

【思考与练习】

人们常说："在旅行社中计调人员是买菜做饭的，外联人员是卖菜的，导游人员是吃菜的，菜好不好吃完全取决于计调的手艺。"对于这样的观点你怎么看？

你的答案

六、计调人员基本素质要求

1. 认真细致、讲究效率

（1）要有认真负责的工作态度；

（2）将票务、用车、用房、用餐、接送团队等各个环节有序而合理地组合在一起；

（3）在工作中要注意速度，讲究效率；

（4）能够做到速度与准确并重，避免因为延误而造成客户丢失。

2. 应变能力、表达能力

（1）遇到突发事故、紧急事件时，计调人员要做到第一时间进行协调和处理，遇到重大问题要及时请示；

（2）遇到问题时要做好组团社、地接社、导游、游客之间的协调工作；

（3）应掌握一定的语言表达和商务谈判技巧；

（4）与客户和协作单位沟通时用语要规范、准确，言简意赅；

（5）工作中要处处体现自身的专业素质，维护旅行社的形象和声誉。

3. 预算能力和成本控制能力

（1）能够做到成本控制与团队运作效果兼顾；

（2）与酒店、车队、餐厅、地接社等合作单位洽谈的过程中，要在保证旅游团队运行质量的前提下，尽量控制运行成本。

4. 学习和创新能力

（1）学习最新知识、更新理念，了解旅游市场及各旅游目的地的变化情况；

（2）不断推出适合所在旅行社经营、满足市场需要、具有特色的旅游产品；

（3）在激烈的市场竞争中取得优势。

5. 严格的组织纪律观念

（1）遇到重大问题要及时向领导请示汇报，不可擅自决定；

（2）与旅行社内部相关部门的合作中要善于配合；

（3）严格遵守财务制度和合作单位的各项规定，不牟私利，自觉维护游客和旅行社的利益。

6. 较强的综合素质

（1）把握国内外热点事件，对行业信息有敏锐的洞察力；

（2）加强人文素养，掌握旅游景区的地理情况、历史文化、民俗风情等人文景观知识；

（3）加强文字修养，学习写作、语法、修辞知识；

（4）加强撰写文案能力和公文交流技巧；

（5）要熟练运用各种办公软件和旅行社业务操作系统；

（6）掌握电子商务知识，通过网络获取市场信息，增强产品在市场上的竞争力。

【案例分享】

计调不及时回复，失去合作机会	
案例描述	某旅行社计调小张，9：00 接到一个组团社的询价，组团社要求其根据游客的要求设计行程、预订返程机票，并报价，小张满口答应，但由于当天事情较多，小张又没有把报价工作交给别人，到 15：00 才回复组团社，这时组团社已经与其他的旅行社合作了
启示	对于计调来说，快速、周到、准确是操作中必须达到的要求。案例中小张失去的不只是这一次的合作，他很可能永远地失去了一个客户

	小算盘大损失
案例描述	某旅行社组团计调小张已有5年计调工作的经验，工作能力较强，也积累了一定的客户关系网。但最近旅行社经理发现小张在操作中，要求地接社抬高价，以从中赚取人头费。由于小张工作能力强，有一定的客源基础，经理没有处罚小张，只是私下找小张谈话。但小张并没有收敛，继续这样违规操作，牟取利益。旅行社经理通过地接社拿到小张违规的证据，将其开除
启示	计调必须具备较高的职业素质和职业道德修养，在操作过程中必须严格按规范进行，像小张这样虽然得到一时的利益，但由于其行为违反了计调的职业道德要求，这样的事情在旅行社之间一经传播，很难再有旅行社会雇用他了

七、计调人员的职业意识要求

1. 法律意识

团队操作时应自觉遵守国家法律、法规、社会公共规范。

【案例分析】

	违规经营出境游业务
案例描述	某旅行社计调小李的朋友小张找到他，说自己公司要组织员工去泰港澳旅游，一共18人，希望小李帮忙，于是小李就找了一家香港旅行社做地接，安排全部行程。但由于地接社组织不力，泰国段没有地陪，许多景点没有进行游览。小张回到北京后，找到小李提出索赔，但小李辩解称：这是香港地接社的责任，与我们无关。于是小张前往旅游质监局投诉，发现小李所在的旅行社缴纳的质量保证金只有60万元。 此次事故的出现是谁的原因？旅行社经营出入境游业务有什么规定？
你的答案	

2. 质量意识

由于旅游产品的广泛性、复杂性和动态性，使得旅游产品的质量控制显得尤为重要；计调人员在采购旅游服务产品时应强化服务质量意识；加强旅游品质保障，维护游客权益，提高自身的竞争力和品牌影响力。

3. 协作意识

计调在日常工作中经常要与有关部门和旅行社产生各种联系；在旅行社内部，要与接待、票务、外联、财务等各部门协调配合；在旅行社外部，要与交通、宾馆、饭店、景区、购物场所、同业等进行合作。因此，计调人员应树立较强的协作意识，赢得各方面的配合和支持。

4. 效率意识

在安排团队接待计划时，应统筹安排，及时完成各项预定任务；及时处理团队运行中的变更和突发事件；在旅游旺季，同时操作多个团队的接待工作时，必须遵守操作规范，注重效率，避免出现差错，保质保量地完成团队接待工作。

从业建议

计调人员常见错误

从业建议

做好计调七字诀

【案例分享】

对地接社失察造成的损失

案例描述	某组团社接到一个华东五市的团，计调小刘当即在网上进行询价，经过挑选，最后选择了一家报价较低、线路安排比较合理的旅行社，双方通过电话进行了沟通，并确认了行程，按照约定，小刘预付团费的 60%。但当旅游团到达上海后，却没有接站人员，小刘随即给地接计调打电话联系，但电话显示停机状态，小刘马上找到这家旅行社总部的电话进行询问，总部回复此人已经辞职一段时间，是他打着旅行社的名号私自接团，携款逃跑了。小刘只好选择了其他的地接社完成这次接待任务。由于无人接站，导致游客在机场等候了近 3 个小时的时间，游客要求组团社进行赔偿，加上被骗的 60% 的团款，这次事故，导致组团社损失高达 4 万元
启示	旅行社计调在选择合作单位时应认真考察合作单位的资质、经营状况、管理水平、服务质量等，避免出现案例中的事故

没有书面确认导致游客无房可住

案例描述	某地接社在接待一个旅游团时，地接社早早地就在景区内预订好了房间，但是没有与酒店进行书面确认，等团到达安排入住时，发现酒店没有房间，酒店推说是由于上个团队推迟退房导致的。时值旅游旺季，酒店住房紧俏，地接社在无奈的情况下，只能安排游客入住当地的一家四星级酒店，房费差价由地接社出，此次事故对地接社造成了近 2 000 元的损失。同时，还严重影响了地接社的声誉
启示	此次事故是由于地接社在进行住房确认时，没有进行书面确认所导致的。在实际操作中，口头确认的事宜对对方缺少法律意义上的约束，对方极有可能为了追逐更高的利润或者受其他因素的影响而撤销对你的接待承诺。一旦对方撤销对你的接待承诺，你又没有接到变更通知，在旅游淡季时节也许可以变通接待事宜，但在旅游旺季时节对计调人员来说，绝对是严峻的工作挑战。处理不当会导致严重的经济损失和名誉损失

【案例分析】

与要求不符，游客拒绝入住酒店

案例描述	A企业的36人与某旅行社签订了山东4日游合同，签订合同时，游客重点对住宿条件提出了要求：必须达到四星级酒店的标准。旅行社声称绝对让游客满意。然而当游客们到了旅行社安排的济南某酒店后，发现房间设施陈旧，地毯、浴缸、马桶污渍斑斑，空调无法运行，床铺既不整齐又不干净，完全不符合"四星级"。为此，他们当场要求旅行社重新安排住宿地点。但旅行社回复说，由于是旅游旺季，济南客房紧张，无法找到合适的酒店，不能予以安排。游客滞留该酒店大厅3小时，拒绝入住。后来游客自行联系到与游客要求相符的济南市云祥大酒店可以在当晚提供20间四星级住房。游客要求旅行社立即安排入住云祥大酒店。回程后，游客向旅游质监部门进行了投诉，他们认为旅行社没有履行责任，他们要求该旅行社道歉，并退还住宿差价，赔偿所有经济损失。 旅行社是否应该赔偿游客的住宿差价？通过此次事件我们应该吸取什么教训？
你的答案	

任务二 旅游线路设计

任务清单

任务名称	旅游线路设计
任务描述	旅游线路设计是计调人员的基本工作内容之一，线路设计的好坏直接影响到游客的旅游体验，作为计调人员必须学会设计线路
任务目标	掌握旅游线路的构成、旅游线路设计的原则和方法等方面的知识
任务要求	（1）结合"给学校教师设计一条假期出游的旅游线路"的实践任务，掌握旅游线路设计的方法； （2）熟悉旅游线路设计的基本要求等内容
任务思考	（1）在看旅游产品宣传广告时有没有质疑过产品的合理性？以"首批中国国家旅游推荐线路"为例，体现了旅游线路设计的哪些原则？ （2）设计一个旅游线路产品需要哪些流程
任务实施	小组1讨论： （1）旅游线路的概念。 （2）旅游线路包含哪些内容？ 小组2讨论： （1）旅游线路可以如何分类？ （2）旅游线路的设计原则有哪些？ 小组3讨论： （1）旅游线路的设计要经过哪些流程？ （2）在设计旅游线路时有哪些要求
任务总结	通过完成上述任务，你获得了哪些知识或技能
实施人员	
任务点评	

一、旅游线路的概念

从旅行社的角度来说，旅游线路是旅行社为游客完成旅游活动而设计的，以交通为纽带，连接客源地和旅游目的地、旅游景区、景点的一种空间和时间安排，是通过道路对景点之间的有效连接，将游客旅游过程中涉及的旅游住宿、旅游餐饮、旅游购物、旅游娱乐、旅游吸引物、旅游交通等各项旅游服务和产品，进行统筹安排和有机组合，以满足游客的旅游需求，获得最佳旅游体验的一种产品。在旅行社的直接体现就是提供给游客的行程单。

视频

旅游线路设计

二、旅游线路包含的内容

1. 线路主题

在设计旅游线路时首先要确定一个特色鲜明、吸引力强的线路主题。根据这个主题将线路各要素进行有机的结合，达到吸引游客、凸显个性、提高竞争力的目的。

2. 旅游资源

旅游资源是激发游客进行旅游活动的动机，旅游线路在设计时要以旅游资源为核心，围绕各种旅游景区、景点等自然和人文旅游资源，进行合理组合，使游客能够在有限的时间内，欣赏到旅游目的地的精华旅游资源。

3. 旅游交通

旅游交通是实现旅游活动的基础，旅游线路设计要合理规划从始发地到目的地的交通，也要安排好景区与景区之间、景区与住宿酒店和用餐饭店之间的交通。

4. 旅游住宿

超过1天的旅游线路，都涉及住宿的问题。旅游线路设计时要充分考虑住宿、景区、交通的协调，根据游览日程安排选择住宿的地点。

5. 旅游餐饮

在旅游线路设计中，餐饮可以是游客自费，也可以是旅行社统一安排，在安排时要考虑餐饮的种类和用餐标准。

6. 旅游购物和娱乐活动

旅游购物和娱乐活动是旅游过程中的重要组成部分。在设计旅游线路时要根据游览活动的安排，综合考虑购物和娱乐项目。

7. 旅游时间

在旅游线路中既要包括线路总的旅游时间，也要说明每个游览项目的游览时间，以及每天的出发、用餐、入住酒店的时间。

8. 导游服务

导游服务会直接影响旅游线路的质量和旅游活动的效果，在设计线路时要进行合理安排。

9. 旅游价格

在设计线路时要将总体价格进行标明，如果在线路中能体现出各部分的分项价格，更便于游客进行选择。

10. 线路说明

在旅游线路中，要对旅游线路的特色、费用标准、游览过程中的注意事项等进行必要的说明。

知识链接

首批中国国家旅游推荐线路

三、旅游线路的分类

（一）根据旅游线路的距离分类

1. 远程旅游线路

远程旅游线路也称为长线旅游，是指游览距离长、游览范围大的旅游线路，一般都是跨省、跨区域旅游，如出境游、国内长距离旅游等。

2. 中程旅游线路

中程旅游线路也称为中线旅游，是指游览距离和活动范围在省级旅游区内或跨省周边地区的旅游线路，如沈阳—长白山旅游线路。

3. 短程旅游线路

短程旅游线路也称为短线旅游，是指游览距离较近、活动范围较小的旅游线路，一般多为客源地周边、远郊旅游，往往以一日游为主。

（二）根据游览方式分类

1. 周游观光型旅游线路

游客的目的主要是观赏，线路中包括多个旅游目的地，同一游客重复利用同一路线的可能性小，其成本相对较高。此类线路包含景点多，在每个景点停留时间较短。

2. 度假逗留型旅游线路

游客的目的是休息和度假，因此，度假逗留型线路所串联的旅游目的地相对较少，有时甚至可以是一两个旅游点，游客在每个旅游点停留的时间长。线路设计相对简单，同一游客重复利用同一线路的可能性大。

（三）旅游节点的空间分布

1. 环状旅游线路

将旅游线路中的各个旅游景点串联合并而成旅游环状线路。在旅游线路的安排上基本不走"回头路"，接触的景观景点较多，如图 1-1 所示。

2. 节点状旅游线路

节点状旅游线路以某一城市或景点作为"节点"，以此为中心向四周旅游点作往返性的旅游，如图 1-2 所示。

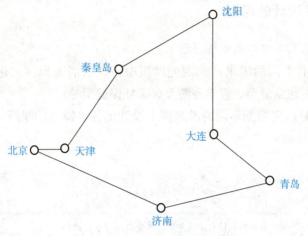

图 1-1　环状旅游线路

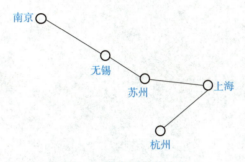

图 1-2　节点状旅游线路

【做中学　学中做】

查看自己所在省份的地图,绘制一条以省会城市为核心的省内环状旅游线路图。

四、旅游线路设计的原则

1. 以满足游客需求为中心的市场原则

不同的游客群有不同的需求，如观光度假型、娱乐消遣型、文化知识型、商务会议型、探亲访友型、主题旅游型、修学旅游型、医疗保健型等。

旅游线路设计时，应根据不同的游客需求设计出各具特色的线路，不能千篇一律，缺少生机。

【思考与练习】

换位思考：如果你作为游客，当你在选择旅游线路时，你会关注哪些方面？
你的答案

2. 人无我有的特色性原则

特色是旅游产品生命力的所在。旅游线路的设计要依托旅游目的地丰厚的旅游资源和自身条件，精心打造和组合与众不同、具有持久吸引力的旅游产品和旅游线路，从而推动旅游产品结构和旅游方式的完善。

在旅游线路设计上突出"人无我有、人有我特"主题的同时，应尽量突出自己的特色，围绕主题安排丰富多彩的旅游项目，唯此才能具有较大的旅游吸引力。

国内一次抽样调查表明，来华的美国游客中主要目标是欣赏名胜古迹的占26%，而对中国人的生活方式、风土人情感兴趣的却达56.7%，而民俗旅游就是一项颇具特色的旅游内容。

3. 旅游景点结构合理原则

旅游景点之间的距离要适中，旅游线路中的景点数量要适宜；同一线路的旅游景点的游览顺序要科学，尽量避免走重复路线，各旅游景点特色差异要突出。

在旅游线路的设计中，应充分考虑游客的心理与精力，将游客的心理、兴致与景观特色分布结合起来，注意线路安排的顺序与节奏感，高潮景点在线路上的分布与布局要合理。旅游活动不能安排得太紧凑，应该有张有弛，而非走马观花，疲于奔命。旅游线路的结构顺序与节奏不同，产生的效果也不同。

4. 旅游交通安排合理原则

交通选择以迅速、舒适、安全、方便为基本标准，与行程的主题结合，减少候车时间。一次完整的旅游活动，其空间移动分三个阶段，即从常住地到旅游地、在旅游地各景区旅行游览、从旅游地返回常住地。这三个阶段可以概括为进得去、散得开、出得来。

没有安全、顺畅的交通，就无法保证游客空间移动的顺利进行。因此在设计线路时，即使旅游资源具有很大的吸引力，但交通条件不佳的景点、景区也应慎重考虑。否则，因交通因素导致游客途中颠簸，游速缓慢，影响游客的兴致与心境，不能充分实现时间价值。

5. 旅游安全原则

旅游线路设计时，应遵循"安全第一"的原则。旅游安全涉及旅行社、旅游饭店、旅游交通、旅游景区、娱乐购物等方面。因此，在旅游线路设计的过程中，必须重视旅游景点、旅游项目的安全性，将游客的安全放在首要地位，"安全第一、预防为主"，高标准、严要求地对待旅游过程中的每个环节，对容易危及游客人身安全的重点部位，提出相应的要求并采取必要的措施，消除各种潜在隐患，尽量避免旅游安全事故的发生。

【案例分享】

旅游安全不可忽视

案例描述	我国西部许多热点旅游线路的旅游交通条件还有待改善，大量风景秀丽的地方往往道路崎岖、悬崖峭壁、行车条件较为艰难。经验不足或疲劳驾驶的司机一旦碰上危险的随机事件，容易引发旅游交通事故。2015年5月15日，一辆载有46人的大客车在陕西省咸阳市淳化县境内发生坠崖事故，事故造成35人死亡，11人受伤。2015年6月10日，一辆旅游公司客车在西藏贡嘎县境内坠入山崖，导致11人死亡，8人受重伤
启示	计调人员应加强对旅游产品要素的安全评估。旅行社是组织旅游产品的龙头，要对所采购的食、住、行、游、购、娱六要素产品进行安全评估，并将评估资料备案上报，严禁采购不合格、没有资质、明显存在安全隐患的要素产品

6. 旅游产品推陈出新原则

旅游市场的发展日新月异，游客的需求与品位也在不断地变化、提高。为了满足游客追求新奇的心理，旅行社应及时把握旅游市场动态，注重新产品、新线路的开发与研究，并根据市场情况及时推出。一条好的新线路的推出，有时往往能为旅行社带来惊人的收入与效益。

7. 行程安排机动灵活原则

在设计旅游线路时，不宜将日程安排得过于紧张，应留有一定回旋余地；在具体实施过程中，也必须灵活掌握，在保证落实原计划旅游线路中的基本项目的同时，也应做好局部变通和应对紧急情况的准备。

8. 效益兼顾原则

旅游效益是游客、旅行社和旅游目的地的共同追求。游客在一次旅游行程中，希望能以最少的时间、最省的精力、最小的费用获得最大的旅游满足。旅行社从自身发展的需要出发，希望获得良好的经济效益。旅游目的地追求的是旅游给当地带来的综合效益，包括经济效益、社会效益和环境效益。因此，在设计旅游线路时应兼顾游客、旅行社、旅游目的地三个方面的利益，达到经济效益、社会效益、环境效益的最大化。

目前，一些旅行社在组织旅游线路时，为了追求经济利益的最大化，热衷于将一些知名度高、需求旺盛的景点串联起来，在一定程度上造成了旅游热点景区的拥挤，尤其在节假日和黄金周时期，大量游客的进入，一方面造成了旅游热点景区的游客量超载，破坏旅游景区的环境；另一方面旅游景区的拥挤大大降低了游客的游览质量。所以，在设计旅游线路时，在选择知名度高的旅游景区的同时，适当地加入一些温、冷的旅游景点，不仅有助于保护旅游热点景区的环境，也带动了温、冷旅游景点的发展，有利于社会的协调发展，兼顾了经济、社会和环境效益。

【做中学　学中做】

你认为昆明—大理—丽江—西双版纳这条旅游线路最大的特色是什么？

五、旅游线路设计的流程

（1）景区线路考察。计调人员在设计一条线路时，应该深入了解旅游目的地的景区、景点的基本情况，同时，考察交通、住宿、餐饮、娱乐、购物、地接社等相关情况，在可能的情况下，计调人员应该对旅游线路进行走访，收集第一手资料，获得真实的感官认识。

(2) 旅游需求分析。通过调查了解旅游者的旅游需求，确定目标市场。同时，收集有关旅游线路的信息，形成关于旅游线路的基本构思。

【思考与练习】

为什么要对旅游者进行"旅游需求分析"？其目的是什么？

你的
答案

(3) 市场销售预测。

①市场销售预测。对客源市场的需求量，线路销售的时间和范围，潜在旅游者的数量及购买能力，线路的销售量和可能达到的市场占有率，线路销售的淡旺季情况，线路销售的渠道等方面进行预测。

②竞争情况分析。了解线路推出后的同业竞争情况，包括类似线路销售者的数量，竞争对手产品的特点、价格等情况。

(4) 确定旅游线路的主题和名称。根据旅游产品的构思，结合旅游目的地的旅游资源情况，确定符合市场需求的旅游线路主题。旅游线路的名称是线路内容、线路特点、设计思想的全面概括。同时，根据线路主题，确定线路名称，线路名称应简单明了、主题突出、富有吸引力。

【思考与练习】

给产品线路命名时要注意哪些问题？

你的
答案

（5）旅游线路策划及行程安排。根据线路主题，将旅游线路中的各个旅游节点进行合理的编排与串联。一般来说，一个节点就是一个旅游目的地，在同一条线路中的各个节点，应该具有相同或相似的特点，服务于旅游主题。节点可以是旅游城市，也可以是旅游景区。策划旅游线路就是安排从始发地到最终目的地，以及中间途径地之间的浏览顺序，在线路上科学布局旅游节点，并以一定的交通方式将各个节点进行合理连接。

①选择交通方式。交通方式的选择要体现"安全、舒适、经济、快捷、高效"的原则。一般情况下，长线以飞机为主，以节省旅行时间，地面交通以汽车为主。交通安排上，要考虑旅游目的地的交通情况，综合利用各种交通方式，扬长避短，合理衔接。

②安排住宿餐饮。食、宿是旅游活动顺利进行的保证，应遵循经济实惠、环境优雅、交通便利、物美价廉的原则进行合理安排，并注意安排能够体现地方或民族特色的风味餐。同时，注意个别游客对餐饮的特殊要求。

③安排旅游购物场所和时间。购物是旅游六要素之一，旅游纪念品和旅游商品本身就是旅游资源，提供丰富的旅游购物资源，满足游客的购物体验需求，已成为某些旅游目的地最具吸引力的内容之一。所以，在设计旅游线路时，要对旅游购物进行合理的规划和安排。

在设计线路时，应注意将线路上旅游商品最丰盛、购物环境最理想的地点，遵循时间合理、能满足大部分游客需要、不重复、不单调、不紧张、不疲惫、不强制的原则，尽量安排在旅游线所串联的景点最后，满足人们的购物需求。

④安排娱乐活动。在进行线路设计时要考虑安排游客参与当地的娱乐和节事活动，所安排的娱乐活动要丰富多彩、雅俗共赏、健康文明、体现当地或民族特色，达到文化交流和传播的作用。

【思考与练习】

讨论	在沈阳到青岛五日游线路中一共使用了几种交通工具。说说每种交通工具的优点和缺点	
日期	行程	景点安排
第一天	沈阳—青岛	沈阳乘飞机赴青岛，抵达后入住酒店；游览青岛的历史见证——栈桥（30分钟）；游览青岛新区的现代标志——五四广场（30分钟）、2008奥帆赛比赛场地——浮山湾；途经被称为世界建筑博物馆的八大关风景区，是当年德国占领时的度假胜地，汇集了俄、英、法、德、日、美式花园别墅式设计，感受异国的风情建筑
第二天	青岛—蓬莱	早餐后乘车前往"道教名山"、国家AAAAA级风景名胜区、有"海上名山第一"美誉的崂山（120分钟），景区集山、海、林、泉、瀑布于一体，中国道教主要发源地之一，是我国海岸线上唯一一座拔地而起的海拔在千米以上的山峰。之后乘车赴"人间仙境"——蓬莱

		续表
第三天	蓬莱—威海	早餐后游览传说中八仙过海的地方，素有"东方海上园林"之称的八仙过海风景区（60分钟）；游览八仙桥、拜仙台、海豹岛、奇古林、会仙阁、望瀛楼、八仙祠、千年神龟等景点，与八仙雕像合影留念。之后乘车赴威海——中国陆海交接处最东端的生态化海滨旅游城市。乘船游览刘公岛风景区（150分钟），刘公岛是扼守东陲海疆的军事重地，又有"不沉的战舰"之称。岛上现有清朝北洋海军提督署、中日甲午战争博物馆、水师学堂等大量文物古迹，还有英国殖民统治时期遗留下来的众多欧式建筑
第四天	威海—烟台—大连	早餐后乘车前往烟台。游览素有"北方第一海滩"美誉的烟台金沙滩景区（30分钟），沙滩坡缓水洁，沙质细柔，是我国最优良的天然海水浴场之一。海滨路南一带槐林映衬着座座欧式建筑，既有自然气息，又富欧陆风情，是休闲、度假的旅游胜地。烟台滨海广场及广仁路时代风情步行街自由活动。晚餐后乘船前往大连
第五天	大连—沈阳	乘火车返回沈阳
你的答案		

（6）制定价格。将线路包括的各方面成本相加，再加上旅行社的利润和税金。同时要考虑市场需求及市场竞争的变化情况，制定合理的价格。

【案例分享】

低价团带来伤害

案例描述	2019年10月19日，两名黑龙江籍游客在香港红磡民乐街一间珠宝店购物时，因购物问题与人发生争执，走出购物店时被数人袭击受伤，其中1人重伤昏迷，经医院抢救无效于20日上午死亡。据香港媒体报道，此次出事的购物团参团人员每人只需缴付300元导游小费，就可以免费到香港购物观光，属于名副其实的"低价团"
启示	作为旅行社计调，在设计线路时要主动回避低价团，认真选择合作伙伴。不能以强迫购物代替团费，在《旅游法》中明确规定，旅游者有权自主选择旅游产品和服务，有权拒绝旅游经营者的强制交易行为。如果旅行社有强迫购物的行为，可以向旅游局投诉，最高处罚达到30万元，导游直接转业或歇业，维护旅游者的权利

知识链接

《关于打击组织"不合理低价游"的意见》

（7）产品宣传与销售。制作旅游线路宣传手册或宣传单，通过各种营销手段向市场推广产品，进行销售，在销售过程中，密切关注顾客的反馈信息，及时进行产品调整。

【思考与练习】

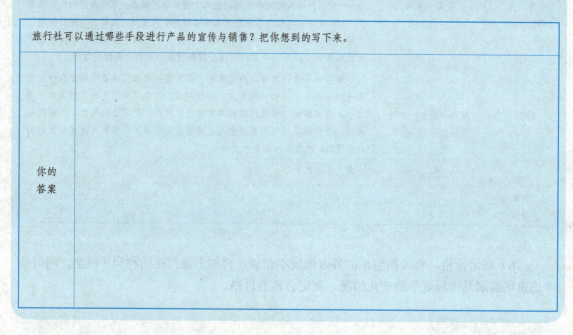

旅行社可以通过哪些手段进行产品的宣传与销售？把你想到的写下来。

你的答案

六、旅游线路设计的要求

1. 有利于旅游者达成出行目的

有些旅游景区知名度较低，加上多数游客初次涉足，且受主观因素限制，往往导致游客进入难、实现难。可以想象，缺乏合理的线路提供支持与服务，仅仅靠游客自己"摸着石头过河"，恐怕就会陷入不知所措的地步。旅游线路的设计应该让游客能够依据自身的条件与爱好，合理支配时间与费用，有区别地选择自己喜爱的旅游产品。

2. 便于旅游活动的组织与管理

旅游景区涉及活动项目较多，随着旅游的快速发展，旅游活动的管理难度将越来越大。每逢黄金周，游客大量涌入，一些知名景区游人如织，人满为患，超负荷承载，有的景区因秩序混乱而带来资源破坏、生态践踏等许多负面影响。旅游线路的开辟最好能有效地减轻主要景区的人流压力，同时，使游客相对集中在既定的旅游线路上，方便服务与管理。

3. 有利于旅游产品的优化与组合

特色是旅游产品生命力的所在。旅游线路的设计促使有关部门、单位及个人依托当地相当丰厚的旅游资源和自身条件，发挥聪明才智，精心打造和组合与众不同、具有持久吸引力的旅游产品和旅游线路，从而推动旅游产品结构和旅游方式的完善。有的景区资源虽然丰富，但缺乏特色产品，影响力小，在很大程度上是由于线路整合缺乏合理性、有效性，没有将旅游资源最大化。

项目一　计调业务概述

【案例分享】

景区流量超控事件

案例描述	2018年10月2日，华山景区接待游客四万人，远远超出景区两万人的可承载能力，发生万人滞留华山、封堵华山景区入口要求退缆车票事件。2013年10月2日，九寨沟发生大规模游客滞留事件。因不满长时间候车，部分游客围堵景区接送车辆，导致上下山通道陷入瘫痪，大批游客被迫步行十几公里下山。入夜后，游客围住售票处要求退票，并一度"攻陷"售票处
知识链接	国家旅游局2015年4月1日开始实施的《景区最大承载量核定导则》，要求各大景区核算出游客最大承载量，并制定相关游客流量控制预案。这是国家首次给出明确的测算方法和公式，供各景区参考使用

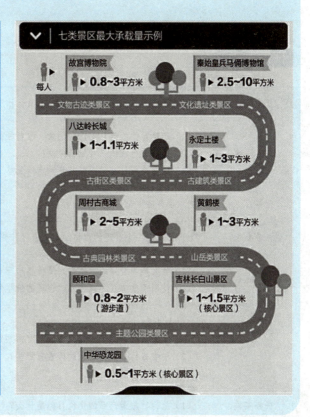

23

任务三　旅行社产品的价格策略

任务清单

任务名称	旅行社产品的价格策略
任务描述	（1）了解影响旅行社定价的因素、旅行社的定价目标； （2）理解旅行社的三种定价方法； （3）掌握旅行社可供选择的几种定价策略
任务目标	把旅游产品以适当的价格推向市场
任务要求	为产品制定一个合理的价格，帮助旅行社获取利润、保持竞争优势、获得市场份额
任务思考	（1）什么是"合理的价格"？使价格合理要考虑哪些因素？ （2）使用哪些方法才能得到"合理的价格"
任务实施	小组1讨论： （1）旅行社产品的价格构成的因素有哪些？ （2）影响旅行社产品定价的因素有哪些？ 小组2讨论： （1）旅行社旅游产品的定价目标是什么？ （2）在给旅游产品定价时要用到哪些方法？ 小组3讨论： 给旅游产品定价时要考虑哪些策略
任务总结	通过完成上述任务，你获得了哪些知识或技能
实施人员	
任务点评	

一、旅行社产品的价格构成

1. 综合服务费

综合服务费包括景点门票费、餐饮费、基本汽车费、杂费、翻译导游费、领队减免费、全程陪同费、接团手续费和宣传费。

2. 房费

根据不同的产品等级和游客需求，旅行社可以预订高、中、低各档次饭店，旅行社按照与饭店签订的协议价格向游客收费。

3. 城市间交通费

城市间交通费包括飞机、火车、轮船、内河及古运河船和汽车客票价格。

4. 其他费用

其他费用包括汽车超公里费、游江游湖费、特殊游览门票费、风味餐费、专业活动费、责任保险费、不可预见费等。

知识链接

市场营销 4Ps 组合

二、影响定价的因素

1. 成本因素

（1）成本是旅行社产品价格构成中最基本、最重要的因素，也是产品价格的最低经济界限；

（2）旅行社制定的价格除应包括所有生产、销售该产品的成本，以及人工成本外，还应该考虑公司所承担的风险。

2. 需求因素

（1）市场需求是价格的上限；

（2）供需关系对价格的影响。

【思考与练习】

在经济学理论中，供需变化是如何影响价格的？

你的答案	

3. 竞争因素

成本因素和需求因素决定了价格的下限与上限，然而在上、下限之间确定具体价格时，则很大程度上要考虑市场的竞争状况，即竞争因素。

（1）竞争性定价在当今市场上越来越普遍，价格战也越打越激烈，没有人不受竞争影响；

（2）竞争越激烈，对价格的影响也越大。

4. 心理因素

（1）不仅应迎合不同消费者的心理，还应影响消费者的心理；

（2）要主动积极地考虑消费者的长远利益和社会整体利益。

5. 旅行社形象和品牌

（1）旅游产品的差异化程度越高，排斥新竞争者的进入壁垒就越高，竞争优势就越强。

（2）旅行社的品牌化经营将有利于产品实施高价的定价策略，为占有更大的市场提供有效保障。

【思考与练习】

全国范围内，知名品牌的旅行社有哪些家？把你知道的写下来。对类似的旅游产品，你比较过品牌旅行社和一般旅行社的价格吗？你认为旅行社的品牌对价格存在哪些影响？把你的观点写下来。

你的答案

6. 政策法规因素

政府的干预包括规定毛利率，规定最高、最低限价，限制价格的浮动幅度或者规定价格变动的审批手续，实行价格补贴等。

7. 其他因素

（1）旅行社理念和旅行社形象设计的要求；

（2）通货膨胀和汇率的变化等。

【思考与练习】

除以上因素外，还有其他许多因素也会影响旅游产品价格的制定？请把你想到的写下来。
你的答案

凤凰古城门票事件：2013年4月10日，"中国最美小城"湖南凤凰古城终结了它最后的免票时代，开始迈入148元"一票制"的时代。原本游览古城有两种价格，一个是148元包含了古城9景；一个是南华山景区108元，现在只需148元，就可以游览全部景点。新的门票政策实施后，引起巨大争议，同时造成游客数量骤减。凤凰古城在2016年4月10号又重新免费开放，仍旧实施原来的门票政策。为什么门票便宜了反而游客不愿意去了呢？

你的答案

三、旅行社产品的定价目标

1. 生存目标

在旅行社营销环境发生重大变化，难于按正常价格出售产品的情况下，旅行社有时将生存目标作为自己的定价目标。这是旅行社为了避免受到更大冲击造成倒闭等严重后果而采取的一种过渡性策略。如在旅行社产量过剩，或面临激烈竞争，或试图改变消费者需求时，旅行社需要制定较低的价格。在这种状况下，生存比起利润来优先受到考虑。只要价格能弥补可变成本和一些固定成本，旅行社的生存便可得以维持。在价格敏感型的市场中，这种定价目标更容易实现，旅行社可以以折扣价格、保本价格甚至亏损价格来出售自己的产品，以求促进销售、收回资金、维持营业，为扭转不利状况创造条件、争取必要的时间。

2. 利润目标

获利是旅行社生存和发展的必要条件，因此许多旅行社将利润最大化作为自己的经营目标，并以此来制定价格。最大利润目标是指旅行社在保证利润最大化的前提下来确定商品的价格。但追求最大利润并不意味着要制定过高的价格，因为旅行社的盈利是全部收入扣除全部成本费用之后的余额，盈利的大小不仅取决于价格的高低，还取决于合理的价格所形成的需求数量的增加和销售规模的扩大。这需要旅行社对其需求函数和成本函数都非常了解，然而在实践中却难以精确预测。在这种目标的指引下，旅行社往往忽视了其他营销组合因素、竞争对手的反应及有关价格的政策与法规，从而影响了它的长期效益。

3. 市场占有率目标

在实践中，市场占有率目标被国内外许多旅行社所采用，其方法是以较长时间的低价策略来保持和扩大市场占有率，增强旅行社竞争力，最终获得最优利润。但是，这一目标的顺利实现应具备以下条件：

（1）市场对价格高度敏感，因此低价能刺激需求的迅速增长。

（2）旅行社有雄厚的经济实力，可以承受一段时间的亏损，或者旅行社的生产成本低于竞争对手。

（3）生产与分销的单位成本会随着产销量的增加而下降。

（4）旅行社对其竞争对手情况有充分了解，有从其手中夺取市场份额的绝对把握。否则，旅行社不仅不能达到目的，反而很有可能会受到损失。

（5）在旅行社的宏观营销环境中，政府未对市场占有率作出政策和法律的限制。如美国制定有"反垄断法"，对单个旅行社的市场占有率进行限制，以防止少数旅行社垄断市场。在这种情况下，盲目追求高市场占有率，往往会受到政府的干预。

4. 质量目标

旅行社也可以树立在市场上成为产品质量领袖的目标。旅行社为了维持产品的质量也必须付出较高的代价，如提供优质的服务、独特的线路、更多的附加产品等，所有这些使得产品在同类产品中脱颖而出。因而，旅行社需要制定一个较高的价格，来弥补高质量产品的高成本，并且可以有更多的资金来加大对产品的科技投入、广告投入、服务投入等，使其成为市场上的常青树。在国际市场上,一件名牌衬衣的价格是普通衬衣的几倍,甚至几十倍。而消费者一旦认可了名牌产品的质量,他们会心甘情愿地付出较高的代价。这种定价目标一般为在同行业中实力较强的旅行社所采用。

【思考与练习】

> 某酒店每间客房的固定成本为 200 元 / 天,现在每开张一天每间房则需再投入 100 元变动成本。但最近一段时间由于受到疫情的影响,游客数量减少,当客房价格高于 180 元 / 天时,没有客人愿意入住。请问该酒店应该继续开张还是暂时停业?

你的答案

四、旅行社定价方法

(一)成本导向定价法

成本导向定价法是指以旅游产品单位成本为基本依据,再加上预期利润确定产品的价格。这种定价方法不考虑市场需求方面的因素,简单易行,是目前旅行社最基本、最常用的一种定价方法。其主要包括以下三种。

1. 成本加成定价法

成本加成定价法的计算公式为:单位产品价格=单位产品成本×(1+成本利润率)。

2. 目标利润定价法

目标利润定价法的计算公式为:单位产品价格=总成本+目标利润总额/预期销售总量。

3. 边际贡献定价法

边际贡献定价法(又称"变动成本定价法")的计算公式为:单位产品价格=单位产品变动成本+单位产品边际贡献。

【思考与练习】

	某旅行社在旅游淡季推出三日游团体包价旅游产品，固定成本均为50元/人，两早(10元/人/餐)五正(30元/人/餐)餐费共计170元/人，门票费共300元/人，房费100元/人/晚，交通费30元/人，利润率15%，税率17%。按照成本加成定价法计算这个产品的价格。
你的答案	

（二）需求导向定价法

需求导向定价法是指以市场需求为核心，根据游客对旅游产品价值的认知程度来定价的一种方法。

1. 理解价值定价法

理解价值也称"认知价值"，这种方法是根据游客对旅游产品的主观评判，而非旅游产品的实际价值来定价的。常用的营销方法有搞好产品的市场定位、突出产品特征、加深游客对产品的印象等。

2. 需求差别定价法

需求差别定价法是指旅行社针对游客旅游产品购买力的不同，产品的种类、数量、时间、地点的不同等因素，采取不同价格。这种定价方法通常为同一产品在同一市场上制定两个或两个以上的价格，强调的是适应游客不同特性的需求，而把成本补偿放在次要地位。

3. 逆向定价

逆向定价是指旅行社首先对旅游市场需求、同行业的同类产品的售价、整个市场竞争环境等方面进行调查，然后确定产品价格，再根据产品的内容和成本对价格作相应调整。这种方法不以实际成本为主要依据，而以市场需求为定价出发点，既能与竞争对手价格保持同步，又能为游客所接受。但容易造成产品质量下降而缺乏市场吸引力。

【思考与练习】

	同一班飞机同样的路程，头等舱、商务舱、经济舱之间的价格天壤之别。虽然名义上能够享受到不同级别的服务，但作为出行产品，本质上得到的产品是不变的。这是采用的什么定价方法？
你的答案	

（三）竞争导向定价法

竞争导向定价法是为了应付市场竞争而采取的特殊定价方法。同类旅游产品的市场竞争是旅行社产品定价的依据和核心，竞争对手的价格是其定价的出发点和参考标准。

1. 通行价格定价法

通行价格定价法是竞争导向定价法中广为流行的一种。定价时使自己商品的价格与竞争者商品的平均价格保持一致。这种定价法的优点是平均价格水平在人们观念中常被认为是"合理价格"，易被消费者接受；试图与竞争者和平相处，避免激烈竞争产生的风险；一般能为企业带来合理、适度的盈利。

2. 主动竞争定价法

与通行价格定价法相反，主动竞争定价法不是追随竞争者的价格，而是根据自己商品的实际情况及与竞争对手的商品差异状况来确定价格。定价时首先将市场上竞争商品价格与旅行社自己估算价格进行比较，分为高、一致及低三个价格层次。其次，将商品的特色、质量、成本、产量等与竞争者进行比较，分析造成价格差异的原因。再次，根据以上综合指标确定商品的特色、优势及市场定位，在此基础上，按定价所要达到的目标，确定商品价格。最后，跟踪竞争商品的价格变化，及时分析原因，相应调整自己商品价格。

总体来看，通行价格定价法属于稳妥型定价方法，可以减少风险，利于与竞争对手和平共处。而主动竞争定价法属于进攻型定价方法，定价低于对手可以提高市场占有率，高于对手则可以树立旅行社的品牌形象。

【思考与练习】

休布雷公司在美国伏特加酒的市场上，属于营销出色的公司，其生产的史密诺夫酒，在伏特加酒的市场占有率达23%。20世纪60年代，另一家公司推出一种新型伏特加酒，其质量不比史密诺夫酒差，每瓶价格却比它低1美元。如果你是休布雷公司的领导者，你会采取什么策略迎接对手的挑战？

你的答案

五、旅行社定价策略

（一）心理定价策略

心理定价策略，是指旅行社根据游客的消费心理，为刺激游客的购买欲，制定出行之有效的产品价格。

1. 尾数定价策略

尾数定价策略根据游客求廉的心理来定价。它使旅游产品价格低但又非常接近下一个整数的价格,使游客获得享受价格优惠的印象。

2. 声望定价策略

声望定价策略根据游客价高质优的心理特点来定价。这类游客往往注重"名牌效应",认定价高质必优。品牌知名度高、口碑较好、在同行中声望较高的旅行社可采用这种定价法。

3. 习惯定价策略

习惯定价策略根据游客习惯消费心理来定价。某些旅游产品在长期的买卖过程中已经形成了被游客默认的价格,因此,旅行社在对这类产品定价时,应比照市场同类产品价格定价,并充分考虑游客的习惯倾向,不可随意变动价格。

4. 招徕定价策略

招徕定价策略利用游客的求廉、好奇心理来定价。旅行社通过将某几种产品的价格定得很低,甚至亏损,在销售廉价产品的同时借机带动和扩大其他产品的销售;或在某些节日或季节举行特殊活动时,适度将某产品以特价的方式刺激游客购买。

5. 分级定价策略

分级定价策略根据不同层次游客的不同消费心理来定价。旅行社将同类产品分为几个等级,价格不同。采用这种定价策略,能使游客产生货真价实的感觉,易于接受。

(二)折扣定价策略

折扣定价策略是根据不同交易方式、数量、时间及条件,对成交价格实行降低或减让的一种定价策略,主要有以下几种。

1. 现金折扣

现金折扣又称付款期限折扣,是指旅行社对那些提前付款、现金交易或按期付款的客户,给予一定比例的价格优惠。采用这种定价策略,可有效吸引旅游消费者提前或按时付款,以便尽快回收资金,确保资金周转的畅通,减少坏账损失。

2. 数量折扣

数量折扣,是指旅行社根据消费者购买的总数量给予一定的折扣,目的是鼓励购买者大量购买。数量折扣又可分为以下两种:

(1)累计数量折扣。累计数量折扣是指在一定时间内,旅游产品购买者的购买总数超过一定数额,给予相应折扣。这种策略可以通过鼓励消费者多次重复购买,稳定市场客源。

(2)非累计数量折扣。非累计数量折扣是指消费者一次购买达到一定数量或购买多种产品达到一定的金额时,旅行社给予的折扣。这种定价策略能有效刺激消费者大量购买,减少交易次数,降低旅行社成本。

3. 季节折扣

季节折扣又称季节差价,是指消费者在旅游淡季购买产品时旅行社给予的价格优惠。

由于旅游产品的季节性很强,淡季折扣可刺激消费者的购买欲望,使旅游景点的设施能在淡季充分利用,有利于旅行社的常规经营。

（三）新产品定价策略

在激烈的市场竞争中,旅行社开发的新产品能否及时打开市场销路,获取高额利润,很大程度上取决于行之有效的产品定价策略。常用的新产品定价策略有以下几种。

1. 撇脂定价策略

撇脂定价策略又称取脂定价策略,是一种高价策略,是指新产品上市时把价格定得较高,获取超额利润,在短期内回收投资并取得较高收益的一种定价策略。

2. 渗透定价策略

渗透定价策略是一种低价策略,是指新产品上市初期,将产品价格定得低于预期价格,薄利多销,以扩大市场占有率为目标的定价策略。

3. 适宜定价策略

适宜定价策略又称中间价格策略,是指介于撇脂定价和渗透定价之间的价格策略。新产品价格定在高价与低价之间,可以使各方都满意,俗称为"君子价格"。旅行社满意定价,属于保守行为,不适于瞬息万变和竞争激烈的市场环境,易丧失市场份额及获得高额利润的机会。

【思考与练习】

	1998年,海飞丝的洗发水,是被当作奢侈品来卖的。人均月工资100元出头的时候,海飞丝一瓶卖28元,比买菜和肉的钱还多。所以用海飞丝洗过的头,就是不一样。那为什么,现在海飞丝这么便宜呢?
你的答案	

项目一　计调业务概述

【案例分析】

免费的西湖景区

案例描述	2002年10月，杭州市政府拆除了西湖边上的环湖围墙，24小时免费开放环湖公园，真正做到了"还湖于民"。西湖景区成为中国第一个不收门票的5A级风景区。而在此之前西湖每年仅景点门票收入一项就超过了2 000万元。但是，少了门票的收入，西湖并没有因此而亏钱，反倒比以前赚得更多了。在景区门票这个话题上，杭州人的眼光放得更长远，当地有个著名的"241"算法，就是说只要每个游客在杭州多留24小时，杭州市的年旅游综合收入便会增加100亿元。因为不收门票，来西湖旅游的游客却多了许多，游客在景区产生的消费也就相应增加了，一算账，赚的远比亏的多。表面上看，景点免票失去了一大块经济效益，然而换个眼光看问题，免票乃是"放水"，可以"养鱼"，把"养鱼"获得的收益回补给景区，不就形成良性循环了吗？门票免费，减少的只是一点收入，但它能带来巨大的正面效应，不仅会提高人们对当地政府和旅游部门以人为本的认同感，而且会提升景区形象，增加人气，最终会给当地带来更大的收获。西湖景区以一张门票钱带动了整个第三产业的发展，聚集了环境、经济、社会的三重财富。 根据定价策略方面的启示，你认为免费的西湖亏了吗？
你的答案	

心灵之旅

山水之间——徐霞客精神

徐霞客（1587年1月5日—1641年3月8日），名弘祖，字振之，号霞客，南直隶

35

江阴（今江苏江阴市）人。明代地理学家、旅行家和文学家，他经30年考察撰写成了60万字地理名著《徐霞客游记》，被称为"千古奇人"。徐霞客一生志在四方，足迹遍及今21个省、市、自治区，"达人所之未达，探人所之未知"，所到之处，探幽寻秘，并记有游记，记录观察到的各种现象、人文、地理、动植物等状况。

《徐霞客游记》是徐霞客一生走遍祖国大江南北所留下来的重要著作。作为一个普通百姓，他为了更加了解祖国的山水，以一腔爱国热情，用三十余年的时间游遍了祖国各地。可以说，徐霞客是那个时代的一个真正"爱国者"。他把对祖国的热爱都落实在了行动上。对山水的热爱、对国家的热爱，无不表现出徐霞客的爱国精神。

徐霞客身上体现的精神文化，归纳为两个字，就是"创新"，舍弃仕途、探索人生新道路，纠正前人错误、开拓求知新方法，独具质疑精神、独树一帜新学科。

徐霞客的精神文化，立足求实，贵在创新，是地理学难以攀越的标杆，是中华民族文化自信的成功典范，是我们认识客观世界、治学研究、济世民生的宝贵财富。人类智慧的成果，需要求实，更需要创新，具体体现在如下精神基础。

（1）质疑。"尽信书不如无书"，人们的认识总受到空间、时间的局限，对真理的探索永无止境。我国古代地方志书不少，虽然具有史料价值，但作者几乎没有做过或只很少做实地考察，因此资料来源只能是汇抄旧书，或摘录地方报呈，相当部分未经考察验证，不少知识似是而非，论断错误不足为奇。从我国最早的《禹贡》，到汉代的《水经》，再到后来的《元和郡县图志》《太平寰宇记》《元一统志》《明一统志》等，都难免以上问题。徐霞客每到一地，先是想办法获得地方的志书，加上实地考察，询问当地人，就能提出对前人书中的错误质疑，如在嵩明游记《盘江考》中，指出了前人史书的错误之处。

（2）实地。徐霞客21岁开始泛舟太湖，54岁由云南考察抱病回家，前后30多年奔走于全国各地，在云南考察一年零九个月，深入14个府（相当于今天的10个州市、46个县级市）考察，他几乎把毕生精力献给了探索自然奥秘、考察山川河流的地理学事业。在旅途中历经种种磨难，攀悬崖，渡急流，冒严寒，斗酷暑，忍饥渴，避豺狼、盗贼侵扰，仆从相弃，夜宿霜露之下，日困崖谷之上，最终心力交瘁，两足俱废。徐霞客之所以创立了前人未创立的学问，描绘了前人未见识过的场景，积累了前人著述中不曾见过的宝贵资料，根源于他长期丰富的实地考察。

（3）客观。《徐霞客游记》中各种地理事物，如山脉河流、地质地形、古建筑、交通状况等，建立在真实考察的基础上，如实反映。他的游记与其他游记、地理学书籍不同的是，一是文字优美的形象描述，二是量化的数字描述。形象化和数字化的说明，均是为了客观地、准确地记录其所见所闻，带有朴素的唯物观点。

（4）寻源。"不到黄河心不死"，寻根山水，顺江考察，是徐霞客的风格，其刨根问底的精神令人叹服。反观古人，在交通极不发达的情况下，一路基本依靠双腿行走，考察出云南六大水系，匪夷所思。在嵩明查出两大水系（杨林海子和盘龙江水系）时，是在从滇东往滇南、顺南盘江考察回来、深入滇南数千公里的基础上，第二次进入嵩明寻根北盘江的源头。

（5）严谨。徐霞客为了准确得出北盘江源头所在，他在嵩明一路寻游，寻找南京法师金山，力求通过同乡帮助他解答一路心中的疑惑。在穷尽一切可能后，寻访未果，才研判了北盘江的源头是杨林海子，这是一种及其严谨的治学态度，实地考察、翻阅前人史书和询问当地人结合，尽可能得出唯一性结论。

（6）辩证。徐霞客两次横穿嵩明，把在杨林主峰看到的药灵山和从寻甸羊街看到的药灵山进行比对，眼中的高度，目测的距离，是为了尽可能准确描述事物的真实性，其比对分析、多角度的归纳总结，就是一种辩证的认识观。

【思考与练习】

选择一篇徐霞客的文章，谈谈你读后的感受。	
你的答案	

课后任务

任务名称	任务1 走访一家旅行社，了解旅行社的岗位划分和岗位职责
任务目标	通过完成任务熟悉旅行社的机构设置情况，加深对旅行社业务的了解
任务性质	小组任务、课下完成
任务指导	各组利用课余时间，走访当地一家旅行社，通过访谈的形式，了解旅行社岗位分工情况
考核说明	任务完成考核由两部分构成： 1. 写出旅行社走访报告 说明走访时间、旅行社名称、旅行社岗位划分和职责分工。对自己的职业生涯进行规划。 2. 成果形式 上交打印版走访报告和走访时拍摄的照片

任务名称	任务2 设计一条旅游线路
任务目标	通过完成任务掌握旅游线路设计的基本思路和方法，熟悉旅游线路包含的内容
任务性质	小组任务、课下完成
任务指导	各组进行合理分工，分别完成以下工作： （1）由一到两名组员进行教师出游意向调查，征求各位教师意见，了解教师假期出游需求。 （2）根据调查结果，小组集体讨论，确定线路构思和主题。 （3）由两到三名组员进行线路涉及的旅游资源的信息搜集与整理。 （4）小组集体确定最终的教师假期出游线路。 （5）指定专门人员进行行程单的设计和制作
考核说明	任务完成考核由两部分构成： 1. 线路设计方面 所设计的线路应有明确的主题，线路设计合理、配套服务完整，线路具有鲜明的特色和吸引力。 2. 成果展示方面 行程单设计精美，内容完整。 各组派一名代表进行成果汇报，汇报时能阐明线路设计的理念和思路，语言简练、普通话标准、仪容仪态大方得体

同步测试

一、名词解释

计调 旅游线路 需求 市场 市场营销 生产观念 产品观念 撇脂定价 渗透定价

二、简答题

1. 计调人员的岗位职责包括什么？
2. 计调人员在操作中常见的错误有哪些？
3. 结合自身谈谈计调人员应具备的职业素质。
4. 旅游线路设计的原则有哪些？
5. 说明旅游线路设计的流程。
6. 简述市场营销 4Ps 组合策略。
7. 影响旅行社定价的因素有哪些？
8. 旅行社的定价方法有哪三种？
9. 竞争导向定价的方法有哪几种？
10. 什么是撇脂定价？什么是渗透定价？
11. 常见的心理定价策略有哪几种？

案例分析

1. 旅游意外险——侥幸心理惹了祸

某旅行计调小李接待了一个旅游团，准备进行周末周边游，报名8人，还说有两人目前有事定不了，如果到时候事情处理完了就一起去。于是，小李就和客人签订了合同，并为每名客人上了旅游人身意外险。

到了周末，旅游车准时去接客人，原定的8人外又加了2人，就是原来说有事定不了的两人，导游和小李电话通知了这个情况，小李同意这2名客人随团旅游，团队准时出发了。

出发1小时20分钟后，因躲避其他车辆，车子突然失控，撞向路边的大树。司机和坐在副驾驶座位上的游客当场死亡。其他游客不同程度受伤，被送往医院。

事后，在进行保险理赔时，保险公司对死亡的游客不予赔付，因为他就是临时参团的两个人之一。当时，游客一早参团，旅行社还没有上班，小李也就没有给这两名游客购买保险，另一名游客受伤住院的医疗费，保险公司也不予理赔。此外，小李找的旅游车，也不是正规车队的，车辆保险手续也不齐全。为此，旅行社付出几十万元的惨重代价。

分析：计调人员在操作时一定要严格遵守操作流程和规范，不得存有侥幸心理，在选择合作单位时，要选择资质齐全、质量可靠、信誉良好的旅行社，同时严格遵守国家法律法规的规定，避免因自身疏忽所带来的风险和损失。

2. "赔什么都不能赔了诚信"

敦煌北方旅行社接待了上海春秋旅行社组织的甘肃、新疆旅游团。旅行社预订了柳园到吐鲁番的硬卧火车票。但是在团队出发前一天，敦煌北方旅行社接到车站通知，硬卧火车票非常紧张，暂无空余，而当时正是敦煌旅游的高峰期，很难在一定时间内找到硬卧火车票。面对如此突发的紧急状况，敦煌北方旅行社马上决定将承诺给游客的硬卧火车票升级为软卧。这意味着旅行社接到这个团，不但没有挣钱，还要赔钱，可即便如此，敦煌北方旅行社还是本着"赔什么都不能赔了诚信"的原则做了这个决定。

厦门建发国旅接待了一个16人的外国旅游团，并向厦门市某五星级酒店预订了16间客房，并多次与酒店联系确认房间状况。但游客抵达后酒店突然拒绝接收，在沟通无果的情况下，建发国旅的计调在厦门酒店用房高峰期争取出16间等级更高、价格更贵的高级别客房，并向游客表达了歉意还提升了该团的整体接待规格，担负了所有超出的费用，得到国外游客的赞扬。

分析：此案例说明计调人员在操作时要密切关注各项服务的采购情况，当出现问题时，计调人员要在第一时间做出决定，本着质量至上的原则，自觉维护游客权益，提高自身的竞争力和品牌影响力。

3. 被压缩了的行程

李先生一家5人报名参加了某出境旅行社组织的特价香港海洋公园一日游，行程约定早上5：00出发，上午10：00左右到香港海洋公园游玩，下午6：30分在香港海洋公园门口上车返回。但行程当天由于早上旅行社安排的车辆出现故障，耽误了2个多小时，下午2：00多才到香港海洋公园，影响了在海洋公园游玩的时间，回程时旅行社安排的车辆因故延迟，到晚上8：00多才上车。一天的行程完全没有按约定的时间进行，从而引起李先生的投诉，要求旅行社做出赔偿。进行协商调解，最后，由旅行社赔偿游客200元/人。

分析：此次事故的发生是由于旅行社的计调在安排车辆时，没有对车队进行严格考察，与车队订车时，对车辆的车龄、车况没有做出要求，导致车辆接二连三的出现问题。作为计调，在安排行程时，要认真考察酒店、餐厅、车队等合作单位的经营情况和服务质量，在进行预订时提出具体要求，并做好应急预案，出现问题要及时解决。

综合实训

在国家提出"一带一路"发展倡议之后，"丝路游"成为我国的一条热门旅游线路，吸引着大量的游客。根据给出的旅游线路，说明旅游线路包含的内容、设计原则，交通安排、景点安排需注意的问题。并以此为例完成为教师设计行程的任务。

线路名称	乌鲁木齐—天池—吐鲁番—敦煌—嘉峪关—张掖—西安——丝绸之路双飞双卧九日游		
去程交通	沈阳—乌鲁木齐指定航班	返程交通	西安—沈阳指定航班
接团标志		接团人员	
线路描述	有这样一条天路，她，从遥远的西汉走来，穿过胡商云集的隋唐盛世，帝王将相在此建功立业；她，西出阳关，传播中华文明，输送茶叶、丝绸、瓷器等物产；她，这一路更是风光无限，美景不断，大漠戈壁、丹霞奇观、敦煌飞天，还有雪山、草原、湖泊……这就是丝绸之路		
	成人门市：￥××××元/人　　　　儿童门市：￥××××元/人		

日期	行程安排	住宿安排	餐饮安排
第1天	沈阳—乌鲁木齐 沈阳桃仙机场乘飞机飞往新疆维吾尔自治区的首府乌鲁木齐（参考航班：沈阳/乌鲁木齐CZ6413，9：05—15：545，经停包头），全疆政治、经济、文化的中心，中国西部对外开放的重要门户、新欧亚大陆桥中国西段的桥头堡，地处亚洲大陆地理中心、欧亚大陆中部重要都市，离海洋最远的城市。接机后入住酒店休息	乌鲁木齐	无
第2天	乌鲁木齐—天池 早餐后，前往天山天池风景名胜区（不含区间车90元/人必须乘坐，游览约2小时），天山天池风景名胜区为国家5A级旅游景区，融森林、草原、雪山、人文景观为一体，形成别具一格的风光特色；天池是世界著名的高山冰碛湖，这里空气清新，清爽宜人，主要游天池美景石门一线、龙潭碧月、顶天三石、定海神针、南山望雪、西山观松、悬泉飞瀑等，观赏雪峰倒映、湖水清绿的世外美景，还可自费选择乘游船遨游于高山湖泊间，领略回归山川森林的感觉，远眺博峰圣洁雪景。后乘车回乌鲁木齐，游览二道桥大巴扎。 温馨提示： 天池海拔1 800米紫外线比较强，提前准备雨伞、太阳帽、太阳镜、防晒霜及外套，午餐比较简单，建议客人自备零食和水，逛二道桥大巴扎时买东西先看好，确定买了再和商贩计价还价	乌鲁木齐	早、中
第3天	乌鲁木齐—吐鲁番—柳园 早餐后，乘车赴吐鲁番，途经亚洲最大的风力发电站——达坂城发电站（游览约15分钟），途径新疆盐业基地——盐湖，抵达吐鲁番后游览中国古代三大文明之一的地下万里长城——坎儿井（游览约40分钟）；游览古代丝绸之路上的国际都会——交河故城遗址（游览约45分钟）；走进居民家里，亲临葡萄架下，品尝香甜的水果，感受热情的歌舞表演并拍照留念（约1小时）；参观闻名遐迩的"清凉世界"绿色长廊——葡萄庄园（游览约60分钟）。游览结束后乘火车，由吐鲁番去柳园。 温馨提示： 吐鲁番是中国的热极，夏天最高温度可达到40 ℃以上，需要游客配备足够的饮用水、多带些防晒霜，当地的水果比较多，到时有免费的水果供大家品尝，西瓜、葡萄是最好的解暑果，甜枣要少吃，因为是热性的吃多了会上火，参观文物景点时禁止攀爬古迹；在坎儿井禁止嬉水、洗手等不良行为	火车	早、中、晚
第4天	柳园—敦煌 早上从柳园乘火车前往敦煌，游览集建筑彩塑、壁画为一体的佛教艺术宝库——莫高窟（车程约20分钟、游览时间约3小时），其建于前秦建元二年，现保存下来有精美壁画和彩塑的石窟492个，彩塑2 400余身，壁画45 000平方米，号称东方的"美术馆"，并有"世界的敦煌，艺术的殿堂"之称。午餐后游览沙漠奇观鸣沙山，"泉映月而无尘""亘古沙不填泉，泉不涸竭"的天下沙漠第一泉——月牙泉（整个游览时间约2.5小时），晚上住敦煌	—	—

续表

日期	行程安排	住宿安排	餐饮安排
第4天	温馨提醒： （1）敦煌是一座沙漠中的绿洲小城，而"沙洲夜市"是敦煌最著名的小吃一条街，大家可以约上三五好友在这里尽尝当地美食。舌尖上的敦煌：中华著名美食——敦煌风情宴（雪山驼掌、鸣沙大枣、阳关虹鳟鱼、烽火羊排、大漠风沙鸡等）；小吃面食——"达记"驴肉黄面、肉夹馍、臊子面、泡儿油糕、酿皮等。 （2）自由活动期间，请结伴而行，请注意人身及财务安全	敦煌	早、中
第5天	敦煌—嘉峪关 早餐后，乘空调旅游车前往嘉峪关，沿途欣赏茫茫戈壁风光。抵达后游览嘉峪关城楼（游览时间不少于2小时），人们常说"万里长城东起山海关西到嘉峪关"。在这里我们可以了解到长城被列为世界七大奇迹之一是当之无愧的"中华之魂"。登上嘉峪关城楼顶感受丝绸之路曾经的"金戈铁马"和繁华	嘉峪关	早、中、晚
第6天	嘉峪关—张掖 早餐后前往临泽县游览张掖丹霞地质公园（游览约1.5小时），张掖丹霞地貌奇观形成于600万年前，位于张掖市临泽、肃南县境内，面积约510平方千米。这里是国内唯一的丹霞地貌与彩色丘陵景观复合区，被《中国国家地理》杂志评为中国最美的七大丹霞地貌之一。下午乘车赴张掖送站，自由活动	张掖	早、中、晚
第7天	张掖—西安 早乘火车前往西安。参考车次：张掖—西安Z106、Z232、Z42（12小时40分左右），晚到达西安，自由活动。西安，古称"长安""镐京"，是陕西省省会。西安是中国最佳旅游目的地，有两项六处遗产被列入《世界遗产名录》，分别是：秦始皇陵及兵马俑、大雁塔、小雁塔、唐长安城大明宫遗址、汉长安城未央宫遗址、兴教寺塔。	西安	早
第8天	西安—临潼—西安 早餐后乘车赴临潼，探访消失的秦帝国军团——世界第八大奇迹、兵马俑博物馆（车程约1个小时，游览时间约2小时）；游览"春寒赐浴华清池，温泉水滑洗凝脂"的华清池（约1.5小时），参观唐御汤遗址、御汤博物馆、九龙湖，远望骊山兵谏厅和烽火台、五间亭（西安事变发生地）。参观结束后，乘车返回西安，入住酒店	西安	早、中、晚
第9天	西安—沈阳 早餐后，游览世界上最大的方城、我国现存最完整的一座古代城垣建筑——明城墙（游览时间1小时）；游览亚洲最大的音乐喷泉广场——大雁塔北广场（游览时间1小时）；游览最能代表西安原住民饮食文化的——穆斯林风情一条街（约1小时），自由活动。午餐后乘飞机返回沈阳（参考航班：西安／沈阳CZ6516，13：15—17：25，经停包头）。结束愉快旅途	—	早

接待标准

包含项目	1. 沈阳—乌鲁木齐、西安—沈阳机票（含基建，不含航空意外险）。 2. 乌鲁木齐—柳园、张掖—西安火车硬卧（由于铁路系统执行实名制出票，所以我社不能保证一起报名游客在火车上的车厢、铺位，以及连号的要求）。 3. 当地旅游空调汽车。 4. 酒店双标间。 5. 8早10正。 6. 景点第一大门票。 7. 旅行社社会责任险。 8. 当地专职导游
不含项目	1. 航空保险（20元/人）。 2. 沈阳往返机场接送。 3. 私人消费。 4. 其他"费用包含"中未包含的事项。 5. 因旅游者违约、自身过错、自身疾病导致的人身财产损失而额外支付的费用
儿童安排	1.2米以下含半价机票、半餐、车位、导服；不含房费、门票、酒店早餐等，产生均自理
自费、购物安排	乌鲁木齐：国际大巴扎五星级的民族歌舞宴（费用268~398元/人），和田玉店（大约参观40分钟）。 新疆：国际大巴扎（二道桥）歌舞268元/人起、吐鲁番烤全羊1880元/人起、天池游船65元/人、天池区间车90元/人（必须乘坐），火焰山150元/人等项目。 敦煌：鸣沙山骑骆驼费用100元/人起、鞋套15元/人；滑沙20元/人、越野车200元/辆起、越野摩托车150元/辆起、滑翔机260元/架等；敦煌神女歌舞表演200元/人或敦煌盛典260元/人起；敦煌大漠风情宴1280元/桌起
注意事项	1. 报名参加者视同默认本次活动规则，鉴于户外活动都存在一定的不可控性，无法预计的风险是客观存在的，请参与者正确评估活动存在的危险性，组织者统一赠送户外保险一份。 2. 如果因为人力不可抗拒因素（如地震、塌方、泥石流、航班延误、国家政策、战争、瘟疫等）导致不能履行合同，我社不承担任何责任。由此增加的全部费用游客自行承担；减少或没有产生的费用，我社将实事求是地退还。如果因游客个人原因中途退团不能继续旅行合同，我社将退还未产生的门票费用，房费和车费不予退还。 3. 请仔细核对旅客名单团队机票，一旦出票不得改签、变更、退票，否则损失自付；如出现单男单女请自补房差或安排三人间，如需单人入住请补齐房差；儿童门票超高自理；计划内团队餐不用不退餐费。 4. 敦煌、张掖地处西部地区，同级标准相比内地城市要落后，游客需有相应的心理准备。 5. 请带好身份证或护照原件并检查是否过期。火车出发时间以票面为准。老年人旅游时须持有效身份证、老年证、离休证等有效证件，应当场出示，老年优惠以当时当地门市挂牌政策为准。 6. 请游客在当地购物时，慎重考虑把握好商品的质量与价格。建议游客在当地购物时要开具发票，我社不承担由此造成的责任。 7. 游客由于个人原因未跟团游览景点和用餐或放弃行程中的提供标准，旅行社不予退款。 8. 旅游者应身体健康，保证自身条件能够完成旅游活动，因自身疾病而引起的后果自负。旅途中有保健医生陪同，但药品有限，药费自理，仍请老年朋友根据自身情况备好常用药和急救药品。活动中听从导游安排，随时注意保护自身安全，妥善保管财物。 9. 我社仅包其铺位，对机、车、船上的设施设备、人员服务，我社无法改变，游客如有意见建议，可直接向其有关上级铁路部门反映。 10. 游客在旅游期间，旅行社不提倡强制消费，游客的自主购物及各种自费活动均属个人行为，由此产生的纠纷或连带关系游客自负，即买卖自由，风险自担，具体规则参照上海国内旅游条例。 11. 旅客如在旅游地无异议，返回后提出异议的，我处将以团队质量跟踪表为准处理旅客意见。 12. 活动期间注意野生动物。 13. 服从组织者统一安排，发扬团队协作精神

知识结构图

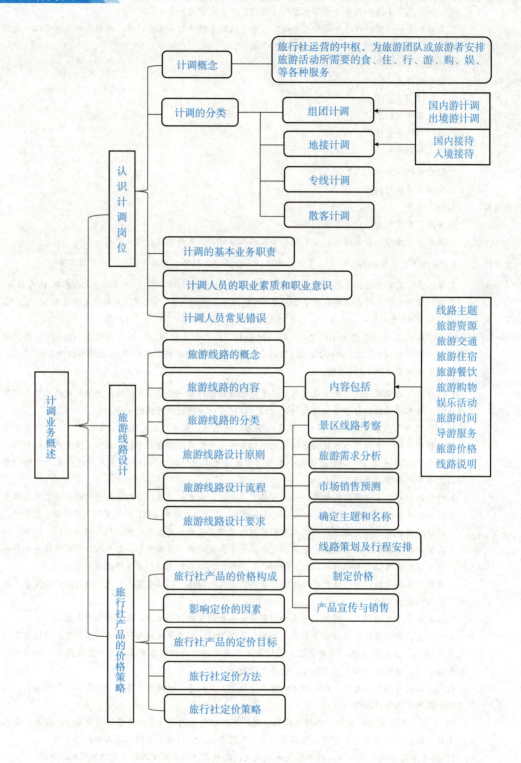

笔记:

项目二

组团计调业务

项目介绍

（1）组团计调是旅行社中负责组织客源地的游客前往旅游目的地，并负责选择地接社，监督地接社接待质量，保证游客顺利完成旅游活动的业务。

（2）本项目主要介绍组团计调工作的主要职责和工作内容，以及地接社选择，发团管理与操作等基本业务流程。

知识目标

（1）熟悉组团计调岗位的基本工作内容；
（2）掌握组团计调操作的流程；
（3）熟悉组团计调业务操作的技巧与原则；
（4）掌握组团社业务档案的归档要求和基本内容。

技能目标

（1）能够熟悉地接社选择的原则，并掌握与地接社沟通的基本方法；
（2）能够掌握交通票据购买的方法和技巧；
（3）能够完成与地接社的团队确认工作；
（4）能够掌握组团合同签订的要求。

价值目标

（1）通过实践项目的操作培养学生对组团计调工作的认知和理解，帮助学生树立顾客至上、质量第一的良好职业道德意识；

（2）使学生初步掌握组团计调工作的操作方法和流程，为学生进入旅行社工作奠定基础。

项目导读

计调小王的一次业务操作

沈阳某旅行社计调小王的一个老客户向小王透露，单位要组织员工前往北京旅游，于是小王和这家单位的领导取得联系，并约定第二天面谈。小王事先做了充足的准备，第二天准时来到那家单位，向领导进行产品介绍和销售工作。小王首先询问了企业对这次旅游的想法和要求，小王根据企业的需求设计了一条能领略首都精华景点，行程安排松紧得当，接待标准较高，价格合理的旅游线路，企业领导相当满意，当即决定和小王签约，并支付了预付款。小王回到社里，马上安排票务人员落实团队机票，并和合作多年的北京地接社取得联系，预报了团队行程。此后，小王将正式出团计划发给游客，并和地接社进行了团队确认。小王委派社里一名资深导游人员担任全陪。在整个旅游过程中，小王密切关注团队动态。此次旅游活动进行得十分顺利。团队回程后，小王向地接社结清团款。将团队操作中的各个文件进行了归档。小王还给这家单位的领导打了电话，询问对此次行程安排的意见和建议，感谢其对自己工作的支持，并表达了再次合作的意愿。

请根据上述案例，列举计调小王在团队操作中都做了哪些工作？

任务一　认识组团计调

任务清单

任务名称	认识组团计调
任务描述	本任务主要学习组团计调岗位的主要工作和岗位职责；通过完成实践任务，使学生熟悉组团计调产品设计、价格制定、产品销售等工作内容
任务目标	认知组团、组团社、组团计调，掌握组团计调的岗位职责和工作内容
任务要求	利用课余时间前往两至三家旅行社，了解同一条旅游线路，咨询相关问题，对比各旅行社旅游线路安排的特点和不同之处
任务思考	（1）组团计调的概念。 （2）组团计调的工作流程有哪些？ （3）组团计调的工作内容有哪些
任务实施	小组1讨论： （1）组团计调的概念。 （2）保障游客顺利完成旅游活动的条件。 小组2讨论： （1）组团计调的准备工作。 （2）计价报价。 小组3讨论： （1）发团监督。 （2）售后服务。
任务总结	通过完成上述任务，你获得了哪些知识或技能
实施人员	
任务点评	

从业建议
计调成长之路

【做中学　学中做】

请归纳总结组团计调进行产品设计需要整合哪些资源？

一、组团计调的概念

（1）组团。组团是指客源地的旅行社通过各种招揽手段形成的本地旅游团体或散客，将其送往指定的旅游目的地游览，并委托当地接待社负责接待完成所约定的旅游活动过程。

（2）组团社。组团社是指客源地的旅行社，通过各种招揽方式组团，向游客提供符合其需求的旅游产品，并就其旅行中的有关事项与游客协商后，签订旅游合同，并监督约束旅游目的地接待社的接待活动，从而保障整个旅游活动顺利进行。

（3）组团计调。组团计调是指在组团社内负责游客出行各项事务操作的专职人员。

二、组团计调的工作流程

（1）组团计调首先要熟悉本旅行社各条线路的价格、成本、特点，对产品进行优缺点分析，了解供应商的特点、价格及市场定位等，了解各条旅游线路的设计思路，并清楚各线路发展变化趋势。

（2）组团计调必须要以客户为中心，选定优质的线路产品给客户，可以通过微信群、QQ 群、网站上传等渠道发布信息。

（3）接待客户，让客户了解其旅游产品，对客户要耐心讲解，针对不同的群体推荐其适合的旅游线路。

（4）定期、及时查阅传真和信息，在报价前认真落实核查价格、行程、标准、特殊要求、注意事项等内容，在与游客签订合同后及时通知地接社做好接团准备。

（5）为客人购买旅游意外险。

（6）规范团队确认文件，在合同上或行程上体现的一定要在确认件内容中体现，确认件具有法律效应。客人信息要仔细核对，出现问题后果自负。

（7）熟悉导游情况，了解导游的年龄、学历、性格、带团特点、责任心等，能够根据游客情况选择最合适的导游带团。

（8）跟踪团队接待质量，处理团队运行中的各种突发情况，保证团队的顺利运行。

（9）做好团款结算、团队档案整理、客户回访工作，建立客户档案。

【思考与练习】

旅游应该为游客购买保险吗？如果买应该买什么保险？

你的答案	

三、组团计调的工作内容

（一）准备工作

（1）熟悉本旅行社推出的旅游产品。
（2）掌握竞争对手的线路特点和价格情况。
（3）了解客户需求。
（4）掌握产品销售技巧，提高对客沟通能力。

从业建议

组团计调要全面了解本旅行社的各条线路

（二）产品设计与销售

1. 产品设计

组团计调的一项基本工作就是进行产品设计，即设计出各种旅游线路。作为组团计调，通过整合各种旅游资源和设施，设计外地旅游行程，保障旅游者顺利完成旅游活动。

【思考与练习】

旅行社的产品包括哪些内容？
你的答案

【案例分享】

<table>
<tr><td colspan="2" align="center">游客投诉谁的错?</td></tr>
<tr><td>案例描述</td><td>某旅行社接待了一个 20 人的旅游团。在团队行程中，有一天的安排是：上午去海滨浴场游泳，下午到附近爬山。但是行程结束后，很多游客都抱怨海滨浴场的水太冷，根本无法下水游泳；而下午爬山时又热又累，连年轻人都无法爬到山顶。游客纷纷抱怨旅行社的安排不当，影响了他们旅游的心情，表示要向旅行社的领导投诉</td></tr>
<tr><td>启示</td><td>在本案例中，由于计调人员线路设计不合理，从而引发了游客的投诉。江河湖海等天然浴场的最佳游泳时间是在午后水温升高之后。因此，线路上如果有这类景点，计调人员在做线路设计时就应当尽量将该行程时间安排在下午。而登山攀岩类参与性活动，由于运动量比较大，最好安排在上午进行。因为经过一夜的休息，上午游客的体力较好，而且上午比较凉爽，适于运动量大的活动</td></tr>
</table>

2. 产品销售

计调人员应该在销售过程中，仔细了解和分析客户的实际需求，根据客户的需求进行有针对性的产品推销。计调销售的唯一规则就是：只有当客户相信他的想法和需要能够得到满足时，客户才会购买你的产品。

【思考与练习】

通过查阅资料了解如何进行旅游产品销售？旅游产品销售的步骤有哪些？
你的答案

（三）计价报价

旅游产品计价是旅行社计调最重要的工作之一，价格能够直接为旅行社提供收益，同时，也是市场竞争的一种重要手段。在大多数情况下，价格一直是旅游者选择产品的决定因素。定价是否得当，将直接关系到产品的销售量和企业的利润额。

【思考与练习】

组团旅游产品价格包括哪几个方面？	
你的答案	

计调人员在报价时应注意哪些问题？	
你的答案	

（四）成交签约

（1）与客户约定付款方式和金额。

（2）与客户约定签订合同的时间和地点。

（3）提醒客户签约时的注意事项，提醒客户签约时应准备的资料和物品，如身份证等。

（4）向客户说明所签合同的种类，以及签订合同时的注意事项，并在敏感的条款上加以重点说明和提示，如双方的责任和义务、违约的规定和违约责任等。

（5）签约完成后应认真审核，进行再次确认，避免出现纰漏。

【案例分析】

游客拒绝入住酒店是谁的错？

案例描述	某旅行社组织游客前往华东五市，出发前，旅行社和游客签订了旅游合同，合同中规定：全程入住二星级标准酒店，餐标为八菜一汤（不含酒水）。当旅游团抵达目的地，办理入住时，有几位客人认为旅行社安排的酒店没有中央空调、热水不热、房间地毯陈旧等，不符合二星级酒店标准，拒绝入住，且与导游发生争执。事后，几名游客自行决定退出旅游团，自行回到始发地。随后，这几名游客向市旅游局投诉，要求旅行社退还全部旅游费用，并赔偿经济损失。旅游局经过调查核实，确认旅行社所安排的酒店是旅游部门授牌的二星级酒店。 你觉得旅行社需要向游客退还旅游费用，并赔偿经济损失吗？通过此次事件，计调在预订酒店时需要注意哪些问题？
你的答案	

（五）发团监督

（1）监督地接社的接待情况。组团计调人员在团队出发后应该履行监督职责。监督地接社的接待质量，具体监督方法可以通过组团社派出的全陪或客人的信息反馈，发现问题及时纠正，消除各种隐患。

（2）监督全陪的工作情况。组团计调人员在团队出发后应该要求全陪定期向组团社汇报团队的情况，同时，还要向接待社了解全陪在工作中是否认真履行自己的职责。

(3)监督客人的游览情况。组团计调人员在团队发出后向全陪、接待社了解客人游览的情况,在第一时间发现问题,并及时与接待社协商加以解决,保证团队顺利游览。对游客违规要收集证据,为以后处理问题留下依据。

【思考与练习】

旅游团出发以后计调还要做些什么?	
你的答案	

(六)售后服务

(1)在团队顺利结束行程返回后,组团计调人员应进行客户满意度调查。掌握准确的信息,为今后工作的改进提供依据。

(2)与客户维持良好的关系。在行程结束后,计调人员要与客户维持良好的关系,努力使之成为自己的朋友,为今后的二次销售工作打下坚实的基础。

(3)如果发生投诉事件,计调人员首先要调查情况,了解事实真相,分清谁是责任方;其次要积极主动地在自己的职权范围内解决问题,将事态控制在最小的范围之内;最后,要最大限度地维护客户利益。实践证明,如果计调人员能够妥善处理投诉,客户的回头率在67%左右。

【思考与练习】

旅游团结束行程后组团计调还有哪些收尾工作？

你的
答案

如果发生投诉事件，组团计调应该怎么做？

你的
答案

任务二　组团计调发团业务操作

任务清单

任务名称	组团计调发团业务流程
任务描述	完成课后任务，根据组团计调操作基本流程，以华东五市为例，通过设计行程、制定价格、发团操作、安排全陪、行程监督等工作完成组团计调团队操作工作
任务目标	组团计调设计行程、如何选择地接社、询价、计划、报价
任务要求	利用课余时间，走访两到三家旅行社，每一家组团社如何选择地接社？选择的标准和要求都是什么？
任务思考	（1）组团社选择地接社的标准有哪些？ （2）组团社选择地接社的方法有哪些？ （3）组团社如何制作行程单
任务实施	小组1讨论： 组团社如何选择地接社？ 小组2讨论： 组团社如何对线路行程整体价格进行核算？ 小组3讨论： 组团社如何根据行程和价格制作完整的行程单
任务总结	通过完成上述任务，你获得了哪些知识或技能
实施人员	
任务点评	

视频

组团社计调工作流程

【做中学　学中做】

你认为组团计调最重要的工作是哪一项？

一、设计行程

组团计调的行程设计根据散客和团队的不同，方法也不尽相同，散客行程一般是事先在市场需求调研的基础上，由计调设计好统一行程，通常称之为常规行程，这样的行程不会根据游客的个别需求而进行调整。

而对于旅游团队（国内团队一般应在 10 人以上，才能享受团队价格），组团计调在接到团队的咨询后，应根据团队情况，按客户需求设计旅游线路，同时注意线路设计的基本原则和要求，并制作出旅游行程表。在实际操作中，也可将旅游团队的情况告知地接社，由地接社负责设计行程。

二、选择地接社

（一）选择地接社的标准

【思考与练习】

你认为选择地接旅行社标准有哪些？

你的答案

【案例分享】

找不到的地接社

案例描述	沈阳某组团计调小娜,接到一个华东5日游的25人团队,小娜刚接手华东线路,对当地的地接情况不是很了解,于是在网上选择了几个当地的旅行社,进行询价和联系,最终选择了一家她认为报价合理、态度诚恳的地接社,预付了80%的团款。但团队出发前一天,小娜再与地接计调联系时,却怎么也找不到人了,小娜找到地接社,地接社说当初和小娜联系的人承包了东北团的地接业务,现在承包期到了,那人已经不做了,地接社也找不到人。万般无奈下,小娜又联系了其他的地接社,以高于原先报价20%的价格,确定了行程和接待事宜。虽然团队顺利出行,但这次业务让小娜损失了近10 000元
启示	组团社的团队接待质量很大部分取决于地接社的接待服务,因此,组团社在选择地接社时要慎重,要仔细考察地接社的资质,避免由于地接社选择失误带来经济和声誉的损失

从业建议

如何了解地接社接待质量?

从业建议

如何选择一个好的地接社?

（二）选择地接社的方法

　　地接社的选择是组团管理中的一个重要环节,对整个旅游活动的成功与否,起着关键性的作用。组团社对旅游目的地的地接社要多方选择、重点培养,建立长期、稳定的合作关系。组团社在掌握了众多地接社的情况后,要根据本次旅游团队的特点和要求,综合考虑各种因素,选择最合适的旅行社作为地接社。有时一个团队的旅游目的地不止一个,那么,就会涉及两家以上的地接社,所以,还要考虑各地接社之间的衔接和协作等因素。

【做中学　学中做】

　　各小组通过网络、校友等方式寻找三到五家华东地区的旅行社,并了解地接社的基本情况。把你了解的地接社基本情况写在下面。

（三）地接社的调整

组团社选择地接社后，并不等于万事大吉，随着各种情况的变化，如组团社经营范围、客源地发生变化，或者因为地接社报价偏低、服务质量下降等，需要对地接社进行调整。组团社采取的主要措施有以下几项：

（1）建立地接社档案库。

（2）地接社的调整。对于列入档案库的地接社，当发现其不适应新的接团要求、游客投诉较多、效率低下时，要及时与其终止合作关系，寻找新的地接社。对于新开发的旅游目的地和旅游产品，组团社要及时补充和发掘新的合作伙伴。

【案例分享】

游客投诉的原因有哪些

案例分享	1. 游客李某等30人，报名参加某旅行社组织的"昆明—版纳四飞八日"游，缴纳团费并签订了旅游合同。但在旅游途中，地接导游擅自取消了版纳之行中的"热带雨林"项目。同时，由于当地旅行社安排不妥，服务不周致使12名游客误了"昆明—版纳"的飞机，不得不改乘第二日的航班与团队会合。游客中有的人行李上了飞机，而人却未上飞机；有的夫妻二人被分为两批乘机，致使互相牵挂。住的西双版纳的宾馆也没达到合同约定的标准，晚间洗澡热水不足，昆明游览未提供"空调车"等。返程后30名游客联名投诉，要求赔偿。 2. 郑女士将某旅行社投诉到旅游质监部门，称因为该旅行社未及时将团费支付给地接社，导致郑女士及家人华东之行的一些行程被取消，要求该旅行社给予赔偿。 郑女士一家5人，与某旅行社签订旅游合同，参加其组织的华东六日游，由上海某旅行社在上海接团。六日游前3天在上海、苏州、南京的行程很顺利。但第4天，从南京到杭州的时候，地接社称，组团社还没把团费打给他们，要接到团费后才能继续以后的行程。导游还告诉游客不能随便乱走，因为接到组团社的团费随时会出发，就这样，郑女士和家人及其他20多名团员滞留南京一整天，餐饮费还需个人自理。团费直到第2天上午才到，地接社告知郑女士等人，由于前一天的耽搁，杭州行程被取消，该团直接去了乌镇等景点。回程后，郑女士立即向组团社索赔，要求赔偿因滞留耽搁行程的损失每人300元，以及父母的精神损失赔偿1 000元，共计2 500元
启示	组团社对地接社的选择应该慎之又慎，一个好的地接社不仅能为游客提供良好的服务，还能为组团社赢得良好的声誉和回头客源。地接社选择失误，会导致游客和组团社的利益受到损害。同时，组团社也要主动维护与地接社的合作关系，诚信经营，不恶意拖欠团款

三、询价

组团计调询价涉及两个方面。

（1）地接社询价，将设计好的线路行程传给所选地接社，由地接社报出地接价格，或者由地接社直接设计行程并报价。

（2）交通询价一般是指大交通的价格。所谓大交通，是旅行社的一种通俗叫法，就是从客源地到第一站目的地的交通。一般情况下，远距离旅游应选择航空运输，以节省时间。交通方面要向航空公司询问近期的机票政策、航班时间等，向铁路部门、轮船客运单位询问火车票、船票的价格。

【做中学　学中做】

　　各小组向地接社进行询价，以所设计的线路为基础，尽量要求地接社进行分项报价。把你询价的过程和结果写在下面。

　　各小组安排专门人员负责了解大交通的情况，并进行交通票据价格的咨询。把你了解到的交通价格写在下面。

从业建议
分项询价

【案例分享】

	无法拆分的地接价格
案例描述	某社计调小李在要求地接社分项报价时,地接社说不用分项报价,分项报价比整体报价要贵
启示	遇到这种情况,有可能是地接社不愿意让组团社了解自己的接团成本,也有可能是遇到"负地接"或"零地接"了,在这种情况下,作为组团计调应仔细分辨,尽量不要落入"负地接"或"零地接"的价格陷阱,以确保团队质量

四、价格核算、制作行程单

通过询价工作,组团社就可以对线路行程整体价格进行核算。核算出价格后,就可以向游客报价。在报价时,除要考虑旅行社经营成本外,一般组团社在报价时,应控制10%~20%利润空间。当然还要结合游客的具体情况、旅游线路的情况、市场竞争情况等,制定出合理的价格。并根据设计的行程和价格制作完整的行程单。

【思考与练习】

一份完整的行程单应该包括哪些内容?写出你认为行程单应该包括的内容。
你的答案

【做中学 学中做】

各组根据核算完的行程价格,制作行程单。每组根据教材所给的行程单模板制作一份完整的行程单。

【思考与练习】

组团社行程价格包含哪些方面?完成下面的价格公式。	
	组团社线路价格=
你的答案	

规范操作

《旅行社管理条例》里关于旅游行程的规定

五、接受报名，签订组团合同

在与游客签订的旅游合同中，应包含明确的旅游行程安排、旅游费用包含内容、不含费用说明、旅行社和游客的权利与义务说明等，团队游客应附游客名单，散客应附游客报名表。同时，应在合同中，明确下列事项：游客不适合参加旅游活动的情形；旅游活动中的安全注意事项；旅行社依法可以减免责任的信息；游客应当注意的旅游目的地相关法律、法规和风俗习惯、宗教禁忌，依照我国法律不宜参加的活动等；法律、法规规定的其他应当告知的事项。

如果旅行社委托其他旅行社代理销售旅游产品并与旅游者订立旅游合同，应当在旅游合同中说明委托社和代理社的基本信息。

【做中学　学中做】

各组根据模板制作《国内旅游合同》。

从业建议
与游客签订旅游合同时
需注意的事项

规范操作
国内组团合同规范要求

【案例分析】

	合同表述不清造成的误会
案例描述	2006年7月21日,宋某报名参加某旅行社组织的黄山双卧五日游,在所附的行程表中约定的住宿及参观景点的标准分别为:"山下住双人标间(独立卫生间),景点大门票(缆车65元/次,环保车20元/人)",后因旅行社未支付缆车费用,游客遂以欺诈的名义,将旅行社投诉到质监所。 旅行社辩称,合同中并没有约定所交纳的团费中包含缆车费用,旅行社在景点大门票后面,用括号将缆车及环保车的价格标出,是为了提示游客,是出于好意,游客如果需要乘坐缆车游览,费用需要自理,旅行社并没有欺诈游客。事实上该类旅游行程一般均不包括乘坐缆车及环保车费用,旅游报价通常都只含有景点的大门票。但由于旅行社在行程中的语句表达方式有误,最终裁定旅行社虽不属于欺诈行为,但属于旅行社擅自减少旅游项目,责令旅行社赔付游客乘坐缆车的花费65元。 通过这个案例我们应该吸取哪些教训?
你的答案	

	旅行社擅自将游客转团
案例描述	游客王某和A旅行社签订了包价旅游合同,王某按照A旅行社的通知,抵达机场后被安排登机,但在登机时提供服务的是B旅行社,王某向旅行社送机人员提出疑问,送机人员告诉他实际是由B旅行社负责提供服务。游客觉得旅游服务还可以,但仍然要求A旅行社按照《旅行社服务质量赔偿标准》进行赔偿。 1.怎么为这次事件定性? 2.《旅行社服务质量赔偿标准》中对此类事件是如何规定的?
你的答案	

六、落实交通

一般情况下，组团社在接受游客报名后根据出团人数、最终行程，向航空公司、铁路部门等交通机构落实好往返的交通。但在旅游旺季，为了保证机位充足，旅行社往往会根据以往的销售经验，提前预订机位，或采取包机的方式，保证团队能够顺利出行。在团队操作中，组团计调应仔细核对团队计划，向票务人员下达《团队订票单》。

【思考与练习】

给团队游客订票时计调应明确的内容包括哪些？	
你的答案	

什么是航班卡位？	
你的答案	

【做中学　学中做】

各组根据模板制作团队《订票单》，落实团队交通。

【案例分享】

一字之差导致的损失

案例描述	某旅行社计调接一团队，出机票时游客名字为礼娜，计调没有仔细核对游客姓名写成了"李娜"，导致游客无法登机，又因和航空公司及机场协商很久耽误了重新出票的时间，导致游客最终无法登机，但行程刚刚开始，第二天还要从第一站继续飞，公司派车把游客送到800千米外的第一站，让游客继续行程，后来还补偿游客经济损失1 000元，连同机票及送机产生的损失共5 000多元
启示	计调在出票时必须仔细核对姓名。旅游无小事，小事变大事，细节决定成败，旅行社计调万万马虎不得，吸取经验和教训

七、预报计划

组团计调在与游客签订合同、落实交通以后，应第一时间向地接社预报计划，预报计划的内容应包括团号、人数、行程、到达日期、返程日期、食宿要求、接待标准。应特别注明：抵离的交通工具、车次、航班等信息。并要求地接社回传确认。

规范操作

团队机位申请

【思考与练习】

组团社为什么要向地接社预报计划？
你的答案

八、确认行程，签订委托接待合同

组团社和地接社经过协商后，在价格、人数、日程确认的情况下，应该在团队出发前，尽早将《团队接待通知书／团队行程确认书》加盖公章传真至地接社，并要求地接社尽快回传确认。

《团队确认书》可作为双方合作的协议，出现纠纷以《团队确认书》上的约定内容为准，因此，组团社和地接社都应重视《团队确认书》的制作与审核，避免出现差错，导致双方出现纠纷，影响团队接待质量。

《团队确认书》内容应包括最终出团行程和具体游览项目、餐费标准、住宿标准、旅游汽车标准、价格，以及参团游客的人数和名单、航班和车次、接团方式、紧急联系人姓名、电话、接待要求等。

规范操作

向地接社预报团队计划

【做中学　学中做】

各组根据模板，制作《团队确认书》，与地接社确认团队。

【案例分享】

没有认真审查团队行程带来的损失

案例描述	某旅行社计调小王，接了一个去内蒙古 5 日游的团，在与地接社确认行程时，没有仔细审查地接社回传行程确认单内容，结果团到内蒙古后发现多了两顿正餐，但这两顿正餐没有在报价里，也不能再和游客收取费用，这两顿餐费要由旅行社承担。由于确认书上标明了这两顿餐，因此地接社不同意承担，无奈之下只有组团社承担了这笔费用
启示	组团社和地接社的行程确认书相当于双方的合作协议，计调在作业时，必须仔细审核，不能出现任何差错和模糊的地方，否则很可能因为一时的疏忽影响团队旅游质量，造成旅行社的经济损失

规范操作
团款结算

知识链接
《旅游法》中对委托接待合同的规定

项目二 组团计调业务

从业建议
委托接待合同的重要性

规范操作
行程变更

【案例分享】

行程变更带来的损失

案例描述	某旅行社计调小张接到了一个8人团，走沈阳+大连的散拼，组团社的确认传真注明客人7月5日由西安乘机到达沈阳，7月8日由大连返程。但在7月4日，组团计调通知小张派车去机场接团！原来，游客的航班时间改了，提前一天返程，航班号不变。于是小张要求组团计调补一份更改传真，但最终没补。由于当时团量较大小张只是口头通知了大连地接社的计调，没有发更改传真。7月7日13:00，小张突然接到组团社的电话，这才想起时间返程变更了，当时游客还在发现王国，飞机13:30就要起飞了，哪里还赶得上飞机。特价机票不能改签，只有行程延长一天，虽然组团社将机票退了，但包括一晚的住宿、用餐、机票、退票损失等，8个人共损失8 000多元。小张觉得很冤枉，和组团社沟通，既然双方都有责任，就应该分摊损失，但组团社说责任在小张，要求小张赔偿一切损失。最后，小张所在地接社经过研究赔偿了所有损失
启示	计调在作业时，只要遇到行程变更，一定要进行书面确认，如果对方忘记或因为忙没时间，你可以发一份更改件让对方回传确认，这样才有利于划分责任，避免出现问题

及时与地接社确认团队行程，尽量避免损失

案例描述	某旅行社计调小玥，刚做计调不久就接了一个80人去北京旅游的团队，小玥和北京某地接社确认了行程后，在团队出发前一天，再一次确认行程安排，并重点强调了关于返程交通的问题。没想到地接社却说返程火车票还没有全部落实，只落实了60张，小玥一面和地接社协调，一面联系团队负责人，说明返程交通的问题，小玥这种坦诚、负责任的态度，得到了团队负责人的谅解，团队负责人同意团队可以分两批返程，如果产生额外费用，团队负责承担。最终通过小玥和地接社的努力，团队在同一天分两批返程，只额外产生了20人的餐费，共400元。为了表示歉意，组团社和地接社共同承担了这笔费用
启示	组团计调必须密切关注团队的落实情况，适时和地接社沟通，确保团队接待无误，出现问题及时沟通，避免出现损失或使损失降到最低

九、选派全陪导游

组团计调选派全陪时，应向导游交代接待计划，派发出团通知书，确定团队接待重点及服务方向。同时，也应给予全陪导游适当的权限，如加菜、买饮料、交际费等。组团计调在选派全陪时，除向全陪下发《出团通知／出团计划》外，还应下发《游客意见反馈单》《全陪日志》、游客名单等文件，在《出团通知／出团计划》中应详细列明行程，要与地接社确认的行程完全一致，还应说明团队接待标准，以便监督地接社接待质量。

从业建议

团队确认的重要性及团队确认书规范要求

【做中学　学中做】

各组根据模板，制作《导游出团通知书》《游客意见反馈单》《全陪日志》。

【思考与练习】

如果你是计调，你愿意选择什么样的全陪导游？

| 你的答案 | |

十、跟踪团队

组团计调要掌握旅游团队在整个旅游线路中所涉及的接待单位（饭店、餐厅、车队、船队、景点等）的联系方式、负责人，以及所在的地点，要与全陪、地接社保持密切联系，及时获得团队的有关信息，因此，组团计调在团队运行过程中，应保证 24 小时开机。组团计调要监督地接社按照合同要求提供相应的服务，维持游客和本社的利益。遇到突发事件，组团社要负责协调各个方面的关系，及时排除困难因素，确保旅游活动的顺利进行；若碰到由于天气等不可预见因素而导致旅游活动的中断或旅游线路的更改，组团社要与地接社配合做好游客的思想工作，并按有关规定及时处理理赔事宜，避免事态的扩大、扩散。

【思考与练习】

旅游团在行程中遇到突发事件时计调应该如何解决问题？
你的答案

十一、付款、报账

团队旅游结束，地接社一般会很快传来团队结算单。组团计调应根据计划认真审核，填写《决算单》。《决算单》应详细列明团款支出明细，连同与游客签订的《旅游合同》、与地接社签订的《行程确认书》、地接社《结算单》、地接社开具的发票等原始凭证，交公司财务部进行报账；请财务按协议准时向地接社付清团款。

【做中学　学中做】

各小组根据模板及行程费用制作组团社《决算单》。

十二、回访、归档

（1）组团计调在团队行程结束后，应整理团队操作过程中涉及的业务传真、各种单据、合同等团队文件留档，作为操作完毕团队资料归档。并由专人实行统一管理，一般情况下国内团队档案应保存2年。

（2）在团队行程结束后，应对参团客人（尤其是重点客户）进行回访，建立客户档案，客户档案应包括客户基本信息、历史消费记录、未来消费需求与取向、产品信息来源等内容。另外，还应进行客户评估、客户关系的巩固等工作，如在节假日通过短信或明信片进行慰问、赠送礼品、定期发送最新线路信息等。

从业建议

旅游业的顽疾——拖欠团款

【做中学　学中做】

各组整理本次任务包含的文档资料，制作团队业务档案。

项目二 组团计调业务

【组团计调业务操作流程图】

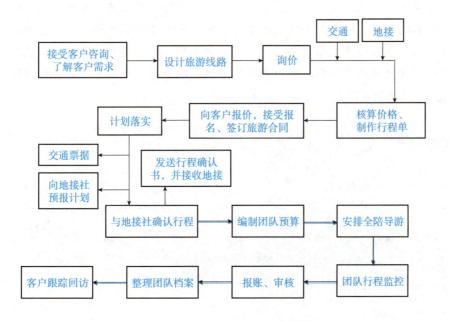

心灵之旅

做旅游精品需"工匠精神"

在大众旅游时代，旅游市场不断发生变化，旅游选择精品化、旅游消费个性化、旅游服务细致化。面对这些变化，中国旅游如何提升品质？如何做出精品？如何吸引更多的海内外游客？

中国旅游应在精益求精、提升品质上下功夫。中国旅游人只有具备了"工匠精神"，才能实现中国旅游从粗放发展到精致提升的转变，唱响中国旅游品牌。

何谓旅游业的"工匠精神"？就是旅游业者对自己研发设计的旅游产品精雕细刻、精益求精的精神理念。

旅游业的工匠精神体现在服务和细节。旅游业是与游客打交道的行业，必须讲求以人为本，服务先导。服务的要义之一就在于细节，细节决定品质，决定竞争力。

如如厕之类的小事情，既是满足游客出行的必需，又直接影响到旅游体验。事虽小，却可由细节一斑窥旅游环境的优劣。来自美国芝加哥的游客大卫游览贵州安顺龙宫景区后说："龙宫景区公厕干净无异味，如果其他景区内的厕所也有这样的水平就太好了。细节决定着旅游的成败，而旅游厕所往往容易被忽视"。于细微处见精神，中国旅游业实施的厕所革命的意义正在于此。

旅游业的工匠精神体现在敬业和严谨。旅游业的服务对象是人，每个旅游产品对应不同的个体。例如，导游领队每次面对不同的游客，讲解是简单地重复还是因人而异做个性化的讲解，取决于主观因素，因此，敬业精神和认真严谨的做事态度就显得尤为重要。

旅游业的工匠精神体现在个性和创新。工匠不是简单的复制模仿。在旅游发展初期，旅游产品出现了标准化、规模化、批量化的倾向。像盲目跟风建主题乐园，这样的重复建设太多，游客的重游率很低。迪士尼能占到世界主题公园市场的50%以上份额，是一步一步打拼出来的。中国的主题乐园要想得到更好的发展，一定要有工匠心，不能只看短期盈利。用工匠精神打造旅游产品，突出产品的个性，赋予每个产品不同的文化内涵，下功夫把每个元素做到极致。

【思考与练习】

谈谈计调的工匠精神。

你的答案	

课后任务

任务名称	任务1 华东五市五至六日游的组团计调业务操作
任务目标	进一步熟悉旅游线路设计的方法，并能根据不同旅游团体的实际情况进行线路调整；通过开展团队出游业务操作，掌握组团计调的基本工作流程，以及组团计调工作设计的各种文件的编制方法和注意事项；初步具备开展组团计调工作的业务能力。包括团号的编制、出团计划书、地接社的选择、交通票据的落实、与地接社往来文件的编制、行程中的质量监控、团队信息反馈等
任务性质	小组任务，利用网络等工具课上、课下完成
任务指导	1. 根据团队情况，搜集相关线路信息，进行线路设计工作。 2. 通过网络等途径寻找华东当地地接社进行询价工作，设计询价单。 3. 查询交通情况及价格。 4. 选择地接社和交通，确定行程价格。 5. 编制旅游行程表。 6. 编制《国内旅游合同》，签订合同。 7. 落实交通，编制旅行社订票单。 8. 编制与地接社的行程确认书和委托协议。 9. 选派导游，编制导游出团计划。 10. 团队行程结束，编制决算单。 11. 整理团队档案
考核标准	1. 线路设计符合所选团队需求，突出主题；线路内容完整；食、住、行、游、购、娱各项配套服务完整。 2. 本任务最终成果为本次团队操作的业务档案一份，各组根据组团社业务档案规范要求，完成业务档案相关内容的制作。 3. 设计成果以 Word 文档形式上交，要求内容完整。 4. 成果展示：普通话标准、表达流畅、注重仪态仪表，回答其他小组提出的行程中可能遇到的问题，由设计团队进行解决。 5. 总结完成本次任务的心得体会
备注	各组根据任务要求详细分工，填写项目计划书、项目总结、任务小组检查监控记录、任务过程表现评价表等学习文件

任务名称	任务2 丝绸之路游的组团计调业务操作
任务说明	丝绸之路线路因为行程远、时间长，因此涉及的内容较多、较复杂，为了使学生更好地掌握组团计调工作，因此本任务要求各组在联系地接社时应分段联系，即将行程分为三段，陕西段、甘肃段、新疆段，每一段分别进行操作
任务目标	进一步明确组团计调业务操作的流程和方法；掌握组团计调的基本工作流程，以及组团计调工作设计的各种文件的编制方法和注意事项；提高学生开展组团计调工作的实践操作能力
任务性质	小组任务，利用网络等工具课上、课下完成

续表

任务指导	1. 所有团队均为常规团队，行程定为7~11日，搜集丝绸之路线路信息。 2. 通过网络等途径寻找几家地接社进行询价，本任务可由当地地接社提供行程，组团社可根据各地地接社所报行程，综合考虑行程情况，与地接社协商修改行程。 3. 查询往返交通情况及价格，在行程中的区间交通可由组团社查询，也可由当地地接社报价。 4. 选定地接社、最终行程和交通，确定行程价格。 5. 编制旅游行程表。 6. 编制《国内旅游合同》，签订合同。 7. 落实交通，编制旅行社订票单。 8. 编制与地接社的行程确认书和委托协议，注意：由于委托三家地接社承担接待工作，因此，应制作三份确认书和委托协议，每份确认书只含一段旅游行程和费用。 9. 选派导游，编制导游出团计划。 10. 团队行程结束，编制决算单，将三家地接社的费用综合，制作一份决算单。 11. 整理团队档案
考核标准	1. 线路设计符合所选团队需求，突出主题；线路内容完整；食、住、行、游、购、娱各项配套服务完整。 2. 本任务最终成果为本次团队操作的业务档案一份，各组根据组团社业务档案规范要求，完成业务档案相关内容的制作。 3. 设计成果以Word文档形式上交，要求内容完整。 4. 成果展示：普通话标准、表达流畅、注重仪态仪表，回答其他小组提出的行程中可能遇到的问题，由设计团队进行解决。 5. 总结完成本次任务的心得体会
备注	各组根据任务要求详细分工，填写项目计划书、项目总结、任务小组检查监控记录、任务过程表现评价表等学习文件

同步测试

一、名词解释

组团　组团社　组团计调

二、简答题

1. 组团计调的岗位职责包括什么？
2. 组团计调与客户签约时应注意哪些问题？
3. 组团计调选择地接社的标准是什么？
4. 组团社要求地接社进行分项报价时主要分为哪几项？
5. 旅行社团队确认书应包含哪些内容？
6. 组团计调选派全陪导游时应向全陪导游发放哪些文件？

案例分析

1. 一场"缩水"的旅行

游客杨某和一位朋友在 A 旅行社报名参加了北京、天津、北戴河双飞七日游，并就行程安排、服务标准等与旅行社签订了旅游合同。

但是到达北京后，北京地接导游安排游览了北京朝阳剧场看杂技表演、什刹海公园等景点后，以时间已晚为由，取消了乘船夜游天津海河的行程。杨某还发现，行程表上明确注明是住双人间三星级酒店，但实际行程中在北京三天、天津两天的住宿中，远远没有达到三星级的标准。旅行社安排的酒店住宿卫生不好，硬件设施差，杨某认为没有达到合同约定的住宿标准。杨某与同团的游客在行程结束后，向 A 旅行社投诉，要求 A 旅行社根据相关合同赔偿经济损失和精神损失。但 A 旅行社认为这是北京地接旅行社的责任，双方协商未果，杨某便将 A 旅行社投诉到了旅游执法部门。

分析： 经过调查，旅游执法部门认为杨某等游客投诉的旅游途中漏游景点情况属实。地陪导游在安排相关景点后以时间不足为由取消了天津海河夜游，并且在旅游途中住宿时，旅行社未能按协议安排双人间三星级酒店，实际住宿水平低于合同约定。组团社与北京地接社之间就该团在北京、天津的旅游安排，行前曾有明确合同约定。组团社与游客的协议也按合同内容作了规定。违约是由于北京地接社方面的过错造成的，但是组团社对地接社的资质、服务了解不细致，工作上存在疏忽。

根据《旅行社服务质量赔偿标准》第十条规定，遗漏无门票景点夜游天津海河，旅行社应向旅游者支付旅游费用总额 5% 的违约金。但是按照相关法规，游客提出的精神损失赔偿不予支持。随后，旅行社和游客都同意了旅游执法部门提出的处理方案，旅行社退赔游客每人 500 元。

在实际操作中，当地接社擅自减少景点、降低接待标准时，依据《中华人民共和国旅游法》和《旅行社服务质量赔偿标准》，组团社应承担先行赔付责任。而根据《旅行社服务质量赔偿标准》第八条，应退回游客在行程中住宿时的差价，并赔偿所退费用同额的违约金。组团社在遇到问题时应及时与游客、地接社协调，争取主动，这才是减少违约成本的最有效途径。

2. 组团社与地接社之间的责任分配

王女士与 A 旅行社签订国内旅游合同，到重庆、武汉等地旅游，A 旅行社委托重庆 B 旅行社接待，重庆 B 旅行社又委托没有旅游资质的湖北省宜昌市 C 旅行社接待。C 旅行社租用武汉 D 旅行社名下的李某驾驶的中巴车，从湖北省某县驶往神农架途中，在与赵某某驾驶的摩托车会车时，赵某某占道行驶，加之李某驾驶制动不良的车辆，临危采取措施不当，致使两车相互刮擦后，中巴车掉入路右侧 8 米深的河中，造成王女士等人受伤、两车受损的交通事故。王女士住院治疗花去医疗费若干，经司法鉴定中心鉴定为一级伤残。为此，王女士诉至法院，要求武汉 D 旅行社、A 旅行社、重庆 B 旅行社及三家投保的保险公司赔偿各项经济损失 1 622 656.6 元。

另外，A 旅行社与其投保的保险公司签订旅行社责任保险合同，约定国内旅游每人赔偿限额 10 万元。武汉 D 旅行社投保道路客运承运人责任保险，每座保额 7 万元，重庆 B 旅行社投保了旅行社责任保险，约定国内旅游每人赔偿限额 20 万元。

分析：法院审理后认为，被告 A 旅行社作为组团社，直接与原告形成旅游合同关系，有义务保证其提供的直接或间接的服务符合保障旅行者人身及财产安全的要求，对原告王女士因交通事故造成的损失应予赔偿。被告重庆 B 旅行社作为地接社应该保障原告在其服务行程中的人身财产安全，况且其转委托没有旅游资质的宜昌 C 旅行作为地接社，在转委托过程中存在明显过错，对于原告的损失应承担连带赔偿责任。武汉 D 旅行社因疏于管理，致使制动不合格的车辆上路发生交通事故，应承担管理不善的责任，况且其与原告形成的客运服务应视为旅游服务的一部分，对于原告的损失应承担连带赔偿责任。三家旅行社投保的险种均为责任保险，我国保险法规定，保险人在责任保险的被保险人给第三者造成损害时，可以依照法律规定或者合同约定，直接向该第三者赔偿保险金，因此，三家保险公司在其保险最高限额内负有直接将保险金给付原告的责任。

3. 旅游合同变更

某单位一行 30 人按照与某旅行社的合同约定，到火车站集合，准备乘坐当日晚 8 点的火车赴张家界旅游。但旅行社工作人员在火车即将发车时说，由于车票紧张，他们经过多方努力也没能拿到当日车票，同时称，第二天的车票能够保证。该单位负责人考虑到既然专门抽出时间让大家出去旅游，于是就按照旅行社提出的建议重新签订了合同，并顺利完成了旅游活动。返程后，该单位负责人要求旅行社承担出发前的食宿等费用时，旅行社以双方已重新签订合同为由拒绝承担，于是游客向旅游质监部门进行投诉。

分析：旅游质监部门裁定，由于旅行社没有拿到协议中确定的当日车票，致使双方约定的旅游活动无法继续进行，并且给旅游者造成食宿等直接经济损失，所以，旅行社应承担赔偿责任。

旅行社应提前做好出游前的各项准备工作，如果不能履行合同或者不能完全履行合同、延期履行合同时，应当及时向对方通报情况和理由，以便使对方当事人根据实际情况采取适当的措施，尽量避免或减少经济损失。因旅行社的原因无法成行时，游客可以依据有关旅游法律、法规提出赔偿请求，或者双方共同协商，另行安排旅游计划。

4.旅行合同

张先生计划参加某旅行社组织的旅游团，进行咨询时，张先生想了解具体的住宿和餐饮情况，但业务员告诉他，"我们行程中的酒店都是四星级饭店，餐饮为标准餐等，饭店和餐馆等服务单位的具体名称不是很清楚，肯定会让你满意的"。张先生再细问，入住酒店的名称、地点等内容会不会写进旅游合同。业务员说，旅行社产品受很多因素的影响，不能保证完全按照计划进行。张先生遂向旅游主管部门咨询，旅游合同到底应当包括哪些内容。

分析：

（1）本文所指的旅游合同为包价旅游合同。

（2）旅游合同的组成部分。旅游合同必须是书面形式。通常情况下，旅游合同由书面的合同文本、书面的旅游行程单和书面的注意事项三个部分组成，与法律规定的旅行社必须明确告知权利义务、履行告知义务相吻合。至于这三部分内容是整合在一份文档中，还是制作成三份文档，由旅行社根据需要自己决定。如果合同中没有这三部分内容，就可以初步断定旅游合同内容不完整。旅行社应当特别注意的是合同文本、行程单、注意事项等内容必须得到旅游者的签名，否则就没有任何意义，等同于没有签订书面旅游合同。纠纷一旦发生，旅行社的所有努力都将付诸东流。

（3）旅游合同的具体内容。《中华人民共和国旅游法》第五十七条，旅行社组织和安排旅游活动，应当与旅游者订立合同；第五十八条，包价旅游合同应当采用书面形式，包括下列内容：

1）旅行社、旅游者的基本信息；

2）旅游行程安排；

3）旅游团成团的最低人数；

4）交通、住宿、餐饮等旅游服务安排和标准；

5）游览、娱乐等项目的具体内容和时间；

6）自由活动时间安排；

7）旅游费用及其交纳的期限和方式；

8）违约责任和解决纠纷的方式；

9）法律、法规规定和双方约定的其他事项。

订立包价旅游合同时，旅行社应当向旅游者详细说明第二项至第八项所载内容。

综合实训

参考以下几个行程，说明制作旅游行程表时应注意的事项，以及行程表中应包含的内容。并完成华东五市旅游行程的设计任务。

行程1　昆明—大理—丽江双飞七日游

线路特色

1. 冰川大索道——玉龙雪山最高索道，登临到4 000多米海拔赏雪山之巅。
2. 丽江古城内住宿——畅游夜晚最美的丽江。
3. 丽江木府——纳西民族首领的宫殿。
4. 赏玉龙雪山九乡——石林最经典景点。
5. 观印象丽江和希夷大理最精彩表演，游客畅快玩。
6. 逛大理古城——丽江古城—束河古镇—双廊古镇。
7. 昆明温泉酒店，感受来自云南大地的温度

Day1	沈阳—昆明	交通：飞机	餐：无	住：昆明

游客在沈阳桃仙机场集合，乘坐航班飞往昆明。抵达后专人接机，入住酒店

Day2	昆明—大理—丽江	交通：巴士	餐：早、中、晚	住：丽江

7：30全体游客酒店大堂集合。由昆明乘车赴丽江，途经大理，观看"希夷之大理"（投资高达两亿，以苍山为背景的大型实景演出，亚洲规模最大的巨型舞台，由日本著名作曲家久石让作曲，李健作词）。游览大理古城（游览时间为30~60分钟，导游集中讲解5分钟后自由活动），该地为电影《心花路放》取景地。漫步于中外驰名的有外国人旅居家园之称的"洋人街""人民路"。乘车赴丽江，晚上游览并入住丽江古城内，丽江古城以"家家临溪，户户垂柳"而闻名于世，尽情荡涤疲惫杂乱的心情，体验古城神秘的意境，享受"古道西风瘦马，小桥流水人家"的神秘，感受丽江柔软时光。游览4A风景区木府（游览约1小时，导游集中讲解10分钟后自由活动），木府是丽江纳西民族首领木氏土司在丽江的宫殿，丽江古城文化之"大观园"，整个建筑群坐西向东，充分反映了明代中原建筑的风采，同时保留了唐宋中原建筑中古朴粗犷的流风余韵，府内玉沟纵横，活水长流，又可看见白族和纳西族传统的民族特色

Day3	丽江	交通：巴士	餐：早、中	住：丽江

乘车前往具有"东方瑞士"之称的玉龙雪山风景区（游览时间约4小时）：乘坐冰川大索道（含冰川大索道环保车和冰川大索道）登临4 000多米的海拔高度，一路之上不同的植被在云雾之中若隐若现，那皑皑的白雪正是纳西守护神三朵的象征，保存充足的体力，在雪山之巅尽情撒欢去吧！游览大型原生态表演印象丽江（12月21日—12月31日关闭演出，印象丽江关闭期间本社更换成云南印象，云南印象是由杨丽萍编导的大型原生态歌舞表演），印象丽江以大雪山为背景，当地纳西人用灵魂在歌唱。游览束河茶马古镇（游览时间约1.5小时，导游集中讲解20分钟后自由活动），束河茶马古镇为百年古镇，世界遗产，质朴的民族，质朴的文化，勤劳的纳西族人世代相传、生生不息。赠送参观宋城外景（导游集中讲解10分钟后自由活动。团费只参观宋城外景，团费不包含宋城歌舞表演。游客若需要观看歌舞表演，费用自理）。晚上入住酒店

Day4	丽江—大理—楚雄	交通：巴士	餐：早、中、晚	住：楚雄

早餐后乘车赴大理。乘车至千年古渔村白族民居大理双廊古城（游览时间约1.5小时，导游集中讲解20分钟后自由活动），大理双廊古城为电影《心花路放》《后海不是海》取景地，是著名舞蹈家杨丽萍的故乡，悠闲惬意的生活，美得无法想象的洱海风光。从洱海乘船赴享有洱海三岛之最之称的南诏风情岛，岛上风光旖旎，海天一色，风月无边，千年古榕枝繁叶茂，幽穴古洞盘曲交错，美不胜收。乘车赴楚雄，入住酒店

Day5	楚雄—石林	交通：巴士	餐：早、中	住：石林

早餐后乘车赴七彩云南，游览3A景区七彩云南（游览约180分钟。游客请注意：景区为购物与游览一体），七彩云南占地36 000平方米，是集旅游、休闲、观光、餐饮和购物为一体的大型综合性旅游景区。景区内分布庆沣祥茶庄、翡翠珠宝商城、工艺品馆、土特产馆、名药馆、植物精馆、怡心园大酒店、孔雀园等八大展馆，都是金顶白墙傣族风格的建筑，七彩云南被誉为亚洲最富丽的旅游胜地。游览"不游九乡，枉来云南"，被称为溶洞之乡的国家4A级景区九乡溶洞（游览约2小时，含索道和游船）。游览荫翠峡、神田、雄狮大厅、惊魂峡、雌雄双瀑

续表

Day6	石林—昆明	交通：巴士	餐：早、中、晚	住：昆明
早餐后游览大、小石林游览区（含环保车，游览约2小时），观赏多姿多彩的喀斯特地貌，感叹大自然的鬼斧神工，体味彝族撒尼人的独特风情。独家游览滇池观鸥，看"扬翼振羽，倏往倏来"，听"一片啁啾"，深切地感悟到：人鸟同乐是幸福快乐的最佳境界，而只有鸟乐人方能乐。与大自然亲密接触，与西伯利亚红嘴鸥共舞。晚上入住温泉酒店（游客自备泳衣泳帽）				
Day7	昆明—沈阳	交通：飞机	餐：无	
从昆明乘飞机返回温暖的家，结束愉快的旅程				

以上行程仅供参考，最终行程以出团通知为准。
在不减少旅游景点和游览时间的前提下，地接社有权根据当天的天气、交通等实际情况调整景点游览前后顺序

费用说明	
报价包含	
住宿	指定酒店空调双标间。不提供自然单间，出现单人由客人补齐房差650元/人
餐食	5早9正，正餐餐标20元/餐/人，团餐一律不含酒水，十人一桌，八菜一汤，不吃餐费用不退。不提供回民餐。团餐一律不含酒水。赠送特色餐：丽江火塘鸡、楚雄野生菌火锅
交通	往返程机票、机场建设税、全程空调旅游用车，1人1正座（26座以下无行李箱）
导游	优秀持证专业导游，幽默风趣耐心解说，贴心细致管家式服务
景点	包含行程所列景点第一门票。 如因政府原因不开放的景点或天气等不可抗拒因素不能游览景区时，按照旅行社与景区协议价退还门票，本社退费明细：九乡退还30元、石林退还80元、船游洱海退还30元、木府退还50元。 希夷大理和本社赠送的宋城外景与滇池观鸥受天气影响或航班影响或车程影响造成无法观看或游览，不退费。丽江玉龙雪山为实名一卡通制，故无退费。双廊和大理古城与丽江古城及束河古镇无门票费用。 老年证、军官证、记者证、学生证、教师证、导游证、残疾证等全部国家优免证件，概不退费。故请游客自重，游览时不用出示证件
儿童标准	1.2 m以下儿童游客团费含车位正座及半价儿童正餐
购物须知	行程中不安排具体购物场所（不含景区内及公路服务区内自设商店）
旅游保险	旅行社责任险、本社赠送最高保额为十万元的国内旅行意外伤害险（发生事故时，游客必须在24小时内主动联系签约旅行社）
报价不含	
1. 不提供自然单间，产生单房差或加床费用自理。付费餐饮、洗衣、电话、饮料、烟酒、付费电视、行李搬运等费用。 2. 自由活动期间交通费、餐费等私人费用。 3. 行程中未提到的其他费用：特殊门票、游船、景区内二道门票、观光车、电瓶车、缆车、索道、动车票等费用。 4. 儿童的"旅游费用包含"内容以外的所有费用。如产生超高餐费、门票等需客人另付！ 5. 个人购物、娱乐等消费。 6. 因交通延误、取消等意外事件或不可抗力原因导致的额外费用，以及个人所产生的费用等。 7. 航空保险、旅游意外保险；因旅游者违约、自身过错、自身疾病，导致的人身财产损失而额外支付的费用	

续表

行程中参考酒店				
昆明酒店	丽江客栈	楚雄	石林	昆明温泉酒店
中原酒店 金马大酒店 恒泉酒店 恒兴酒店	华兴文苑 锦鸿山庄 艾泽拉斯 邦恒 古城源 下巴河客栈 老房子客栈 翔鹤客栈	新云华宾馆 印象酒店 悦莱酒店	天地人和 兴亚酒店	滇都温泉酒店 滇宫温泉酒店 中旺温泉 世博耀星温泉 金生源温泉酒店

温馨提示

1. 50周岁以上没有成人陪伴的老年游客，本社建议游客提供市级以上医院开具的呼吸道、心电图、血压、心率的体检报告。游客若拒绝提供，将自行承担全部责任以及后果。

2. 报名时旅行社提供给游客的航班、酒店和景点等内容为参考行程，由于航班时刻可能发生改变，具体行程内容以出团通知上标注的为准，旅客同意旅行社可以在不减少旅游项目的前提下，对行程内容的游览顺序做适当的变更。

3. 因不可抗力或者意外事件导致无法履行或者继续履行合同的，旅行社可以在征得团队50%以上成员同意后，对相应内容予以变更。因情况紧急无法征求意见或者征求意见无法得到50%以上成员同意时，旅行社可以决定内容的变更，但应当就作出的决定提供必要的证明。

4. 双方合同一旦签署，本社盖不受理游客全额退款：出发前10天（包含10天内）由于游客自身原因取消出游，游客承担全额损失。出发前10天以上取消，游客承担机票全额损失与本社应得利润，本社只退还半价地接费。

5. 在行程中遇到不可抗力导致无法继续履行合同的，旅行社按本条第二款的约定实施变更后，将未发生的旅游费用退还旅游者，增加的旅游费用，应当由双方协商后合理分担。原则上各自分担一半。

6. 在行程中遇到意外事件导致无法继续履行合同的，旅行社按本条第二款的约定实施变更后，将未发生的旅游费用退还旅游者，因此增加的旅游费用由提出变更一方承担（但因紧急避险所致的，由受益方承担）。

7. 行程为旅游合同不可分割之部分，旅行社将严格按照行程执行。在不减少任何景点的前提下，导游可根据实际情况做顺序之调整，该调整不视为违约。当发生不可抗力，危及旅游者人身、财产安全，或者非旅行社责任造成的意外情形导致的景点、交通、住宿地点的临时变动、修改或更换，以及旅行社不得不调整或者变更旅游合同其他约定时，本公司会在事前向旅游者作出说明；确因客观情况无法在事前说明的，亦会在事后作出说明。因不可抗拒的客观原因（如天灾、战争、罢工等）和旅行社人为不可控因素（如航空公司航班延误或取消）导致的一切超出费用（如在外延期食宿及交通费、国家航空运价调整等）我公司有权追加差价。

8. 本社只接待身体健康游客。游客故意隐瞒自带疾病而出游，产生损失游客承担全责

行程2 三亚双飞六日游

线路特色

1. 拥抱海岛：心灵岛屿——蜈支洲岛、岛屿型猕猴保护区——南湾猴岛；尽情游览双岛，感受椰岛风情！
2. 灵魂洗礼：海南岛上的香格里拉——呀诺达雨林、佛教文化——南山佛教文化苑。
3. 特别赠送：2晚国际五星酒店——三亚湾红树林酒店+3晚当地五星180度海景房。
4. 特别说明：白天不推自费，零购物产品。
5. 特别赠送：价值68元的南山自助素斋+价值58元的呀诺达雨林药膳+价值200元/人的海鲜餐+果盘+德国啤酒

续表

| Day1 | 沈阳—三亚 | 交通：飞机 | 餐：无 | 住：三亚 |

沈阳桃仙机场乘飞机飞往三亚。专人接机，入住酒店

| Day2 | 三亚 | 交通：巴士 | 餐：早、中、晚 | 住：三亚 |

早餐后 08：00 左右从酒店大堂集合出发，乘车约 40 分钟赴魅力蜈支洲岛（含上下船游览时间约 120 分钟），小岛地处三亚海棠湾，避开了台风走廊，因此，不同于一般只能生长灌木的北部小岛，这里乔木高大挺拔，灌木繁茂葱郁，犹如天然织就的一块厚重的绿毯披在岛上，颜色由透明而碧绿继而浅蓝，后而深蓝，明丽动人，层次分明。午餐后乘车约 40 分钟前往下一景点，乘坐亚洲最长的跨海索道前往世界上唯一的岛屿型猕猴自然保护区——南湾猴岛（游览时间约 120 分钟，不含排队等候时间）。品尝海鲜风味，高达 20 道菜，美味海鲜齐报到：和乐蟹、南海龙虾、石斑鱼、九孔鲍、大海虾、鱼翅鱼肚等……生猛鲜活、真正高档次的海鲜盛宴（停留不少于 60 分钟）

| Day3 | 三亚 | 交通：巴士 | 餐：早、中 | 住：三亚 |

清晨，乘车约 1 个小时前往国家 5A 级景区呀诺达雨林文化旅游区，这里集山奇、林茂、水秀、谷深于一身，可以称得上海南岛的"香格里拉"。这里也是由杨幂和刘恺威领衔主演的"2012 年七夕爱情喜剧"——《hold 住爱》的主景地，站在观海平台鸟瞰雨林谷，用力"深呼吸"，感受人间仙境的"世外桃源"。接下来前往素有"东方夏威夷"之称的亚龙湾海底世界沙滩（不少于 120 分钟），这里不仅是潜水爱好者的天堂，更是海上休闲的世界级选择之一，阳光、空气、绿色、海水、沙滩五大海南旅游要素在这里得到了最完美的演绎。然后前往天下第一湾——亚龙湾（游览时间约 150 分钟），自由活动期间自愿选择海上潜水项目、水上活动，费用自理，体验海中游乐的刺激与精彩，大海中尽情放飞心情

| Day4 | 三亚 | 交通：巴士 | 餐：早、中、晚 | 住：三亚 |

一觉醒来，乘车 40 分钟前往南山旅游文化区（游览时间约 120 分钟，景区电瓶车 30 元/人，费用自理），梵天净土，观 108 米高的海上观音，中午在景区用自助素斋，走进祖国最南端民风淳朴的苗族部落——椰田古寨（游览不少于 60 分钟），感受千年传统手工艺，体验天涯民族银器文化

| Day5 | 三亚 | 交通：巴士 | 餐：早、中、晚 | 住：三亚 |

早上睡到自然醒，自由活动，真正体现旅游+度假时尚理念，三亚一整天私人空间，沙滩留下您的足迹，感受神怡的椰风海韵

| Day6 | 三亚—沈阳 | 交通：飞机 | 餐：无 | 住：— |

早餐后，自由活动，根据航班时间送团，结束愉快行程。
（具体时间视航空公司时刻而定，因航空公司不同，我们会根据航班时间安排司机送机场，如遇晚航班回程，因酒店退房时间为 12：00，所以无法安排在酒店房间内休息，您可以将行李寄存酒店礼宾部，选择在酒店大堂休息或自由活动，给您带来不便敬请谅解。也可延住，需另行付费）

以上行程仅供参考，最终行程以出团通知为准。
在不减少旅游景点和游览时间的前提下，地接社有权根据当天的天气、交通等实际情况调整景点游览前后顺序

费用说明
报价包含

住宿	2 晚三亚国际五星品牌酒店（三亚湾红树林酒店）+3 晚五星酒店海景房；具体入住酒店以实际出团通知为主，若出现单男或单女由客人自理
餐饮	全程含 5 正 4 早（全程中西式自助早+正餐 4 次，含呀诺达药膳养生自助 1 次及南山素斋自助餐 1 次）； 如遇行程变动或时间延误无法按计划抵达自助餐厅，则可根据实际情况安排客人用餐。团餐一律不含酒水，自动放弃，不退餐费

续表

交通	沈阳/三亚/沈阳往返飞机票、机场建设税；当地空调旅游车（旅游过程中所用的车辆，以实际接待人数为准核定车型，保证每人一正座）
导游	优秀地接中文导游讲解服务
景点	含景点大门票（不含行程中电瓶车及缆车费用，需按景区标准另行付费），如因政府原因不开放的景点，按照旅行社与景区协议价退还门票；因天气等不可抗拒因素不能游览景区时，按照旅行社与景区协议价退还门票
儿童标准	1.2 m 以下儿童游客团费含车位正座及半价儿童正餐
娱乐	自由活动期间，旅游者与旅行社双方协商一致，达成书面协议后，旅游者可选择自费项目。每个地区都有深厚的文化底蕴，推荐的自费项目都是其精华所在。您可以根据自己的喜好，自愿选择自费项目，相信会带给您不同的体验
旅游保险	最高保额 50 万元/人的海南旅行社责任险

报价不含

1. 不提供自然单间，产生单房差或加床费用自理。付费餐饮、洗衣、电话、饮料、烟酒、付费电视、行李搬运等费用。
2. 自由活动期间交通费、餐费等私人费用。
3. 行程中未提到的其他费用：特殊门票、游船、景区内二道门票、观光车、电瓶车、缆车、索道、动车票等费用。
4. 儿童的"旅游费用包含"内容以外的所有费用。如产生超高餐费、门票等需客人另付！
5. 个人购物、娱乐等消费。
6. 因交通延误、取消等意外事件或不可抗力原因导致的额外费用，以及个人所产生的费用等。
7. 航空保险、旅游意外保险；因旅游者违约、自身过错、自身疾病，导致的人身财产损失而额外支付的费用

行程中参考酒店

海上时光酒店、三亚湾红树林酒店、海湾维景酒店、天福源酒店

温馨提示

1. 出门旅行，游客需自行保管自己的贵重物品，最好不要携带贵重物品，如有必要，请尽量利用酒店供应的保险箱或随身携带，切勿将现金或贵重物品留在酒店房间，旅行车以及托运行李中，如游客自身原因遗失物品，由客人自行负责，旅行社及导游有义务协助寻找或报案，但不负因此而造成的一切赔偿及相关的任何投诉。
2. 游客因个人原因临时自愿放弃游览，景点门票费用、酒店住宿费用、餐费、车费等均不退还；游客个人原因造成旅游费用的增加，游客自行承担；如遇国家或航空公司政策性调整机票价格及旅游目的地、国家政策性调整门票或由于非组团社原因的当地食、住、行、游、购、娱等旅游辅助服务提供者变更其相关价格的，游客同意补交差价或接受其他同等级别的住宿、用餐、交通等必要费用，并视为对合同变更的有效确认，但组团社应提供相应证明资料。
3. 由于第三方侵害等不可归责于旅行社的原因导致旅游者人身、财产权益受到损害的，旅行社不承担赔偿责任。
4. 不可抗力，指不能预见、不能避免并不能克服的客观情况，包括但不限于因自然原因和社会原因引起的，如自然灾害、战争、恐怖活动、动乱、骚乱、罢工、突发公共卫生事件、法律法规及政策变更、政府行为等行为。
5. 行程中所注明的国家及城市之间飞行和车程的时间，仅供参考，视当地天气及交通状况而定。
6. 三亚报价为综合优惠价，持老年/军官/记者/导游/学生（教师）证等优惠证件的游客，均不再重复享受优惠，不再退票！
7. 地接导游将严格按照行程安排执行，如因客人所持行程内容与所签合同行程内容不符出现的投诉，我社概不负责。

续表

8. 我社对18岁以下的未成年人和60岁以上游客不承担监护权。
9. 南北方存在饮食方面的差异，请客人尽量适应当地的饮食习惯，我社不受理因饮食不习惯造成的投诉。
10. 团队的游览时间会因为天气原因及客人的身体素质有一定的差别，所以有的预估时间也许会有不同，客人因此而产生的投诉我社概不受理。
11. 维权事宜注意：客人必须填写"游客意见书"，投诉回团后7天内有效，处理结果以在当地填写的"游客意见书"为准，逾期不予受理。如果客人在意见单上填写"欠佳"一栏，可视为投诉范畴，并在意见单上填写投诉理由；恕不受理客人因虚填或不填意见书而产生的后续争议。请各位游客务必仔细填写，由此而造成的一切损失由客人自负。
12. 海南属于热带地区，紫外线强烈，为防止皮肤被晒黑、晒伤，请准备好防晒霜、太阳镜、太阳伞、太阳帽。在旅游过程中，请务必注意道路状况，保持与导游同行，不要擅自离开团队，贵重物品随身携带，注意自由活动期间用餐的卫生，夜间避免独自外出活动，外出结伴而行，保持电话畅通，在宾馆期间请注意关好门窗。
13. 海南地区的饮食口味以清淡为主，建议游客可以根据自己的饮食习惯，提前跟导游讲明以便跟酒店安排。同时，在旅游过程中，注意饮食卫生，以防吃坏身体，带来不便。
14. 游客在旅游过程中应尊重旅游地的风土人情和民族习俗，维护环境卫生，遵守公共秩序，保护生态环境和文物古迹，尊重他人，以礼待人。做到文明出行，共同为文明旅游而展现风采。
15. 游客应遵守团队纪律、配合领队、导游工作。因自身疾病等原因不能随团前行，需书面申请并经领队、导游签字同意。旅游行程外出请结伴同行。
16. 未成年人参加旅游活动，须事先征得旅行社同意，并由法定监护人陪同出游。监护人负责未成年人在旅游过程中的安全问题；中老年人尤其是患病者参加旅游，须如实向旅行社提供健康信息，并根据自己的健康状况量力而行。如游客感觉身体不适，请马上告知导游。因中老年游客身体原因产生的一切后果与责任，旅行社概不承担

行程3　成都—九寨—牟尼沟—峨眉山—乐山双飞八日游			
线路特色			
1. 童话世界九寨沟；小黄龙牟尼沟；世界第一乐山大佛；佛教圣地峨眉山。成为您人生旅途中最美最难忘的记忆！ 2. 全程指定用餐酒家，全程十菜一汤，特色中餐山珍煲、羌山宴，晚餐酒店套餐，无忧、放心！ 3. 正规空调旅游车，技术过硬态度端正的优秀驾驶员——安全、轻松、舒适、温馨！ 4. 打破零负团费，服务于高端人群，笑脸迎客，一流服务，宾至如归！ 5. 特别赠送：AAAA级景区牟托羌寨，乌木博物馆，欢乐羌家晚会——绝对超值，绝对精彩，流连忘返			
Day1	沈阳—成都	交通：飞机	餐：无　　住：成都
沈阳桃仙机场集合，乘机飞往享有"天府之国"美誉的城市——成都。接机，办理酒店入住手续			
Day2	成都—松潘—古城—九寨沟	交通：巴士	餐：早、中、晚　住：沟口
早上在成都指定时间与地点集合，统一出发，一路沿岷江逆流而上，沿途观赏成都平原风光。沿途可看到藏族、羌族的独特民居、碉楼、吊桥等建筑物。全程400多千米，需8小时左右，途中可停留休息、上洗手间（全程洗手间均收费1~2元）、停车拍照。午餐后前往松潘县境内的牟尼沟风景区（如遇牟尼沟修路、天气原因不能游览，则改游松潘古城）。牟尼沟最高海拔4 070米，最低海拔2 800米，年平均气温约4 ℃，主要景点是扎嘎瀑布——享有中华第一钙华瀑布之美誉。扎嘎瀑布高104米、宽35米，以每秒23米的流速从巨大的钙华梯坎飞泻而下；声震数里，气势磅礴，远看宛如千条银色的哈达从天际飘逸而下，近看似万斛珍珠在自然的琴弦上跳跃。晚上抵达九寨沟，晚餐后入住当地酒店。 藏民家访活动（此项目已赠送，费用已含，不去费用不退）让您身临其境地融入藏家生活，感受藏族的建筑、风土人情、宗教信仰，与藏族帅哥美女一起参与锅庄狂欢，品尝具有藏羌特色的烤羊、青稞酒、酥油茶等			

续表

Day3	九寨沟	交通：巴士	餐：早、晚	住：沟口

早餐后前往九寨沟景区（含门票+景区观光车），换乘景区内观光车，游览世界遗产、世界级风景区：日则沟的箭竹海、熊猫海、五花海、珍珠滩、珍珠滩瀑布、镜海；游则渣洼沟的长海、五彩池；树正沟的诺日朗瀑布、犀牛海、老虎海、树正瀑布、树正群海、卧龙海、火花海、芦苇海、盆景滩等全部景点，午餐在沟内自理，也可自带干粮进沟。出景区后前往餐厅用晚餐，后可自愿观看藏羌风情晚会（普通）或入住酒店休息[藏羌风情歌舞晚会（基础版）免费赠送，不去不退费]。

推荐自费：宋城千古情晚会（260元/人起，费用自理）。

九寨沟内推荐游览路线：沟口乘车—原始森林乘车—箭竹海观倒影走栈道或乘车—熊猫海乘车—五花海乘车—珍珠滩走栈道看完瀑布后走栈道至镜海停车场乘车—诺日朗旅游服务中心乘车—长海步行—五彩池乘车—诺日朗瀑布乘车—老虎海走栈道—树正瀑布、水磨房步行至树正群海走栈道—火花海乘车—芦苇海乘车—盆景滩乘车—宝镜岩乘车—出沟

Day4	九寨沟—成都	交通：巴士	餐：早、中	住：成都

早餐后从九寨沟口出发，途中经过美丽的天然草甸牧场"甘海子"和川西"母亲河"——岷江源头，午餐后驱车经茂县，经汶川返回成都旅游集散中心统一散团，结束美妙的九寨仙境之旅

Day5	成都—乐山—峨眉山	交通：巴士	餐：早、中、晚	住：峨眉山

早起后前往集合地点，出发前往乐山，10点左右抵达乐山，品尝地道美食跷脚牛肉，用餐后游览乐山大佛；大佛雕凿在岷江、青衣江和大渡河汇流处岩壁上，是世界上最大的石刻弥勒佛坐像，国家5A级旅游景区——乐山大佛，素有"山是一尊佛，佛是一座山"之称。行程游览凌云山、凌云寺、大雄宝殿，下九曲栈道，观三江汇流（游览时间约3小时）。后进入行缘堂与佛结缘（通过讲解员专业的佛教知识介绍，从而体会和感受博大精深佛教文化的魅力所在，客人根据自己的信仰和需求拜佛、礼佛、请佛）；17：00左右朝拜峨眉山的第一门户大佛禅院（游览约90分钟）。正是戒，维系了僧团的清净，个人遵照戒律而行，过着法制的生活，使诸比丘都在清净戒法中长养善心，长行梵行。或许我们并没有皈依或信教，这又有什么关系呢，放下心中的芥蒂，通过一次旅行，让我们长养善心，充满慈悲与智慧，诸恶莫作。在大佛禅院，可随缘观法师晚课，修梵行，晓佛法，引导、教化众生修行，万盏明灯朝普贤。晚餐素菜，有益于自身健康，尊重其他生命，爱护环境，合乎自然规律的饮食方式，游览结束后入住酒店，赠送参观峨眉院子，可自愿观赏具有地方特色的大型晚会：变脸、吐火、滚灯、武术表演（费用自理，普通席260元/人、贵宾席360元/人）等。游玩时间为我社预估时间，若因不可控因素造成延误敬请谅解

Day6	峨眉山—成都	交通：巴士	餐：早、中	住：成都

早餐后前往峨眉风景区（包含门票+观光车；游览时间5~6小时）（早上06：30上山，下午18：00左右下山）：峨眉山国家5A级旅游风景区，以其"雄、秀、神、奇、灵"和深厚的佛教文化，以文化与自然双重遗产列入世界遗产名录，是中国四大佛教名山之一，佛教圣地华藏寺所在地金顶（3 079.3米）为峨眉山旅游的最高点，有"秀甲天下"之美誉，山路沿途有较多猴群，常结队向游人讨食，胜为峨眉一大特色，"一山有四季，十里不同天"。游览方式为全天时间饱览峨眉精华景致路线，一般为：上午朝拜峨眉主峰——金顶，此为峨眉山精华所在（金佛金顶上高48米的十方四面佛，金、银、铜殿，舍身崖，根据天气情况，有缘人可观赏到佛光、圣灯、云海等奇观）；下午朝拜和游览峨眉半山风景区[峨眉最古老的万年寺（10元/人，自理）]，历经18次地震400年来安然无恙的无梁砖殿；高7.85米，重62吨，一千多年的稀世国宝——普贤铜像；传说中白娘子修道之地——白龙洞；风景秀丽的清音阁。沿途可免费品茶，晚上下山乘车返回成都。

自理索道交通：金顶往返索道120元/人，万年寺上行索道65元/人，下行55元/人，万年寺小门票10元/人

续表

| Day7 | 成都 | 交通：巴士 | 餐：早 | 住：成都 |

早餐后自由活动（可自行前往武侯祠、杜甫草堂、锦里、宽窄巷子、熊猫基地参观，费用自理。也可参加青城山都江堰一日游，费用自理）。

旅游小贴士：
1. 如跟团参加青都一日游，请提前一天联系我社工作人员。
2. 第二天送机时间，20：00以前通知，请保持手机畅通

| Day8 | 成都—沈阳 | 交通：飞机 | 餐：早 | — |

早餐后，自由活动，根据航班时间送团，结束愉快行程。
（为方便其他客人入住，请于12：00之前退房，超时未退房酒店按半天房费收取超时费。如下午航班，退房后行李可寄存在酒店前台，建议可到宽窄巷子或锦里休闲。结束愉快的游程）

以上行程仅供参考，最终行程以出团通知为准。
在不减少旅游景点和游览时间的前提下，地接社有权根据当天的天气、交通等实际情况调整景点游览前后顺序

费用说明	
报价包含	
住宿	全程经济型酒店，具体入住酒店以实际出团通知为主，若出现单男或单女由客人自理
餐饮	全程含7正7早；正餐餐标15元/餐/人。晚餐全部酒店赠送，不用不退，无法安排回民餐
交通	沈阳/成都/沈阳往返飞机票、机场建设税；当地空调旅游车（旅游过程中所用的车辆，以实际接待人数为准核定车型，保证每人一正座）
导游	优秀地接中文导游讲解服务
景点	含景点大门票（不含行程中电瓶车及缆车费用，需按景区标准另行付费），如不能正常游览，按照旅行社与景区协议价退还门票
优惠说明	全程持优惠证件（学生证、老年证、残疾证等有效证件）可享受优惠门票，根据每个景区不同情况，当地现退给客人，请带好有效证件！优惠票退费明细：峨眉山和乐山段退50元/人，九寨沟和牟怪沟段退20元/人。70岁以上老人免票退费明细：峨眉山和乐山段退100元/人，九寨沟和牟尼沟段退40元/人
娱乐	自由活动期间，旅游者与旅行社双方协商一致，达成书面协议后，旅游者可选择自费项目。每个地区都有深厚的文化底蕴，推荐的自费项目都是其精华所在。您可以根据自己的喜好，自愿选择自费项目，相信会带给您不同的体验
旅游保险	最高保额50万元/人的海南旅行社责任险
报价不含	

1. 不提供自然单间，产生单房差或加床费用自理。付费餐饮、洗衣、电话、饮料、烟酒、付费电视、行李搬运等费用。
2. 自由活动期间交通费、餐费等私人费用。
3. 行程中未提到的其他费用：特殊门票、游船、景区内二道门票、观光车、电瓶车、缆车、索道、动车票等费用。
4. 儿童的"旅游费用包含"内容以外的所有费用。如产生超高餐费、门票等需客人另付！
5. 个人购物、娱乐等消费。
6. 因交通延误、取消等意外事件或不可抗力原因导致的额外费用，及个人所产生的费用等。
7. 航空保险、旅游意外保险；因旅游者违约、自身过错、自身疾病，导致的人身财产损失而额外支付的费用

续表

			景区小交通明细	
1	峨眉山	金顶上下行索道	金顶上行索道：65元/人（自理），必须消费 金顶下行索道：55元/人（自理），必须消费	120元/人
2	峨眉山	万年寺上行索道	必须消费	65元/人
3	峨眉山	万年寺	小门票	10元/人

温馨提示

1. 四川的大部分景区内，都有其景区的配套商业服务，即每个景点都会有当地特色的旅游纪念品、朝佛纪念品、当地特产、当地小吃等商店或摊贩在出售相关商品，有些景区的讲解员还会为游客推荐解说，此类景区配套商业活动并非我旅行社指定的购物场所，请您根据自身所需谨慎选购，记得索要发票。

2. 如烧香、喝茶、照相，法物流通处，游客自愿参观，请游客谨慎购买，本行程因地方差异，旅游团队到了乐山景区和峨眉山均须换由乐山与峨眉山当地地接社的地陪讲解员上团，讲解员不仅为游客提供景区的讲解服务，还会为游客提供他们景区内的配套商店出售的商品介绍等。峨眉山下小吃街和周围商铺的东西价格都较高，峨眉景区山道两侧有一些茶叶或中药材专卖店，还有不少的小食店，可以供游客补给，价格约相应是山下的2~3倍，此为店铺，均非我社安排的购物场所，敬请游客知晓，请游客谨慎分析观察，根据自己所需决定；旅行社不为此类消费承担任何退货或赔偿责任。

3. 如早上05:30前前往集合地点乘车（旅游巴士）从成都出发，退房时在酒店前台领取早餐（酒店住宿赠送）。

4. 特别提示：九寨沟当地酒店一般只提供电热毯，不开空调。

5. 本行程沿线属藏区，用餐及住宿硬软件条件有限，限电限水，限时供应热水，热水一般为晚9点至11点间供应，沿线提倡绿色环保。请不要以城市的标准来衡量；请游客自带洗漱及毛巾等个人用品，热水为太阳能供应，不太稳定，对住宿条件有要求的游客建议住宿升级。

6. 九寨沟分为三条沟，单程35千米，沟内每个景点都有一个观光车上下的车站，凭观光车票当日可在任一站点自由换乘，每辆观光车都有讲解导游。游览景区内三条沟的先后顺序，完全根据观光车调度人员临时安排分沟游览，这样也能更好地分散游客，让您在拍照的时候舒心一些。观光车一般是到每条沟最高景点下车，然后往下游览，所以走路也不会觉得累。

7. 九寨沟景区最佳的游览方式是自由活动，乘坐的观光车运行方式和城里的公交车是一样的，因此导游也无法全程陪同。

8. 九寨沟天气变化频繁；请备好保暖衣物、雨伞、防晒霜、太阳镜等物品；可自备感冒药、腹泻药和创可贴等。

9. 九寨沟景区内诺日朗餐厅，自助餐60元/人起，用餐比较简单，而且会影响您的游览时间，建议您自带干粮进沟。

10. 特色藏乡内的配套商店有藏、羌族饰品及特色产品出售，景区讲解员可能会为游客推荐并解说，如若感兴趣，请您根据自身所需谨慎选购，记得索要发票；如因不可抗力不能参观，无门票不退费。

风情一条街有当地土特产（牛肉、药材、藏族饰品等）。

11. 峨眉"灵猴"成群结队，非常顽皮，不可任意挑逗，以免受其伤害。女士宜穿平底鞋，不宜穿长裙或鲜艳的衣服，上下缆车时注意安全。

12. 乘飞机上高原，一般高山反应的症状会在12~24小时产生。所以刚到高原不要剧烈运动，否则，一旦感觉到反应就需要更多的时间来适应。

13. 进高原要多吃碳水化合物，易消化的食品，多喝水，使体内保持充分的水分；晚餐不宜过饱，最好不要饮酒和吸烟，要多食水果、蔬菜等富含维生素的食物。

14. 注意避免过度疲劳。饮食起居有规律，初到高原前几天，不要频频洗浴以免受凉引起感冒。感冒常常是急性高原水肿的主要诱因。

15. 高原上轻微的高原反应，会不治自愈，不要轻易吸氧以免形成依赖性。吸氧能暂时解除胸闷、气短、呼吸困难等症状，但停止吸氧后，症状又会重新出现，延缓了适应高原的时间。

组团社发团操作业务文件模板

知识结构图

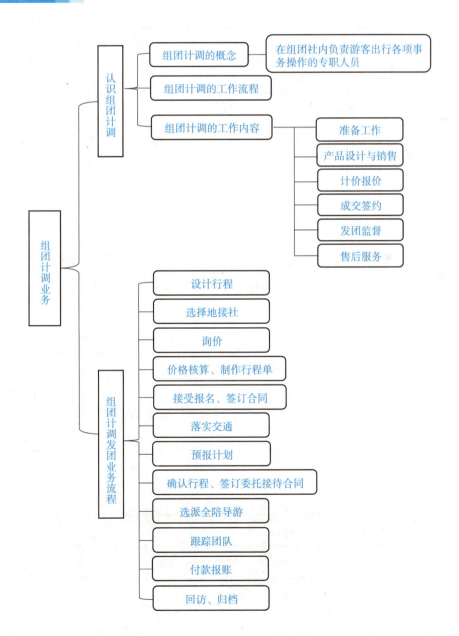

笔记:

地接计调业务

项目介绍

地接计调是按照组团社的要求，与组团社签订接待协议，安排游客在旅游目的地的旅游活动，负责落实游客的游览路线、目的地交通、住宿、餐饮、娱乐、购物、导游等各方面服务的人员，对旅游质量具有重要的影响。本项目主要介绍地接计调工作的特点和操作方法，导游人员管理，地接计调接团操作等基本业务流程。

知识目标

（1）熟悉地接计调的工作内容；
（2）掌握地接社旅游接待服务产品采购的程序和方法；
（3）了解地接计调工作特点和导游管理的方法。

技能目标

（1）能够熟悉地接社选择的原则，并掌握与地接社沟通的基本方法；
（2）能够掌握交通票据购买的方法和技巧；
（3）能够完成与地接社的团队确认工作；
（4）能够掌握组团合同签订的要求；
（5）能够初步了解地接计调的工作流程，为今后开展地接计调做准备。

价值目标

（1）通过实践项目的操作培养学生地接计调岗位的职业能力；
（2）使学生初步掌握地接计调接团工作的方法和流程，为学生进入旅行社从事接团工作奠定基础。

项目导读

计调接团的一系列操作

某旅行社计调小张接到一个组团社的询价，咨询8月1日至7日东北全境游的价格，并要求小张为其设计一条常规行程。小张问清楚人数、接待标准、特殊要求等后，与组团社约定30分钟后向其报价。小张开始进行行程设计和价格计算。因为是暑期，各方面价格都有所上涨，小张先后了解了酒店、旅游车辆的价格，很快完成了计价工作。小张将制作好的行程表和报价单发给组团社，组团社很快回复小张，愿意将团交给小张进行操作。于是小张要求组团社先发一个预报计划，根据预报计划进行接团操作工作。组团社按要求发来预报计划，小张根据组团社预报和行程开始落实接团工作，首先，小张联系社里票务人员，向票务下发团队订票通知；随后，小张开始向旅游车队、酒店、餐厅进行预订；最后，小张督促组团社尽快发送"团队确认书"，进行团队确认。在和组团社确认最终行程后，小张编制了团队预算单，列明团队费用明细，并填写了借款单，向社里的财务部进行借款。小张向社里的导游下发了出团计划，并向导游强调了团队接待重点和注意事项。在团队出发前两天小张再次和组团社确认了团队行程，又和导游强调了接团时间和接团地点。团队到来后，小张密切关注团队的运行状况，确保团队行程顺利。团队行程结束后，导游向小张进行报账，小张制作了"团队结算单"，一方面向财务部门报账，另一方面向组团社发送"团队结算单"，进行团款催收。小张整理这次团队操作的所有文件，进行了存档。

通过小张的这次团队操作工作，大家总结小张一共做了哪些具体工作。

任务一 认识地接计调

任务清单

任务名称	认识地接计调
任务描述	本任务内容是让学生对地接计调岗位有初步的了解，学习地接计调岗位的素质要求和操作规范，掌握地接计调的工作内容，熟悉地接计调采购食、住、行、游、购、娱等服务的步骤和方法，熟悉地接计调对导游管理的相关内容
任务目标	地接计调的概念；地接计调的工作特点、素质要求、操作要求、采购工作、接团业务工作内容
任务要求	通过上网收集本地五星级、四星级酒店的位置、名称、价格等信息，建立住宿档案；收集本地区知名景区的位置、名称、淡旺季价格、与所在城市距离、景区概况等信息，建立景区档案，为完成地接计调发团业务操作奠定基础
任务思考	（1）地接计调的概念。 （2）地接计调的工作特点。 （3）地接计调操作要求。
任务实施	小组1讨论： （1）地接计调的概念。 （2）地接计调操作要求。 小组2讨论： （1）地接计调采购交通服务的步骤。 （2）地接计调接团业务操作。 小组3讨论： （1）地接计调工作流程。 （2）地接社报价的基本要求。
任务总结	通过完成上述任务，你获得了哪些知识或技能
实施人员	
任务点评	

一、地接计调的概念

1. 地接社的概念

地接社是旅游目的地的旅行社，是相对组团社而言，受组团社委托，按照组团社的行程计划、接待内容和标准接待游客完成本地旅游活动的旅行社。因此，游客在旅游目的地的体验质量主要取决于地接社的接待工作。

2. 地接计调的概念

地接计调是指在地接社中负责按照组团社计划和要求确定旅游用车等区间交通工具、用餐、住宿、游览、派发导游等事宜的专职人员。按地接社接待游客的来源可分为国内接待计调和国际入境接待计调。

二、地接计调的工作特点

地接计调具体负责旅游团队的运行，不仅能控制旅行社的成本和利润，同时，也负责对旅游服务质量进行监控。在业务操作上，地接计调的工作特点表现在以下几个方面：

1. 工作的具体性

地接计调人员担负着收集本地区的旅游信息，向组团社预报计划，接受组团社业务委托，联系各个接待单位，编制接待计划，委派导游人员，进行旅游质量监督，进行售后服务，旅游费用结算等具体的事务性工作。

2. 工作的复杂性

地接计调的业务种类繁杂，涉及采购、接待、票务、交通，以及安排游客食宿等工作；地接计调的操作程序复杂，从接到组团社的报告到旅游团队的接待，再到团队行程结束后的结算收款，计调人员要从始至终进行操作；地接计调在操作中涉及的关系繁复多样，地接计调几乎和所有的旅游接待部门都有业务联系，协调处理这些关系贯穿于地接计调业务的全过程。

3. 工作的多变性

旅游团队在旅游过程中，团队的运行和质量受众多不确定因素的影响，导致地接计调的业务操作具有多变性的特点。如旅游团队人数的临时增减、旅游接待计划的临时变更、交通工具和住宿条件不能正常供给、不可抗力等不确定因素都会影响计调人员的具体操作。

三、地接计调素质要求

1. 职业素质要求（计调工作"五化法"）

（1）人性化。计调人员对于每个电话、每份确认、每次报价都要体现出专业性，通过严谨、规范、准确、特色鲜明的工作文书，显示出实力。在进行沟通时应以礼貌、谦虚、简洁为原则，让对方充分感觉到合作的诚意。

（2）条理化。地接计调面临着大量的工作，因此计调人员工作一定要细致、有条理。认真细致地与组团社确定人数、用房数，有否自然单间，小孩是否占床；抵达大交通的准确时间和抵达口岸等。此外，还要注意游客中是否有少数民族，或宗教信徒，饮食上有无特殊要求，以便提前安排用餐。如人数有增减，要及时进行车辆和房间调换。条理化是地接计调人员的基本要求。

（3）周到化。地接计调人员的主要任务是"五定"（定房、定票、定车、定导游员、定餐）。计调人员必须在"快"和"准"的基础上，逐项落实。"快"主要体现在作业速度上，答复对方问题要越快越好，最好不要超过24小时，解决问题的速度往往代表旅行社的作业水平。"准"要求计调人员在落实各项事务时要准确无误，说到做到，切忌似是而非。

（4）多样化和个性化。地接计调面临着激烈的竞争，组团社一般都会向多家地接社询价，选择价格低质量好的地接社进行合作。因此，地接计调人员应设计多条不同价格的线路，以适应不同游客的需求，让组团社有更大的选择空间。同时，地接计调在线路设计时要体现个人特色，区别于同类产品，充分显示出自己产品的个性化，避免落入低价竞争的恶性循环。

（5）知识化。旅游业和相关产业发展迅速，日新月异，地接计调人员要掌握行业内最新的动态和信息，以提高作业水平。如要掌握宾馆价位的浮动情况、新开宾馆的信息；交通工具价格的调整，车次、航班的变化情况；本地最新景点、新线路的开发情况。地接计调应掌握详细、准确的最新材料，才能应对激烈的行业竞争。

【案例分享】

计调"五定"的重要性

案例描述	2019年9月20日，计调小李接了一个60人的北京散拼团。团队行程是9月26日到沈阳，分为两个团队，9月30日由大连返回北京。小李在9月21日的时候向票务发了订票单——9月30日60张K682大连—北京硬卧。由于小李刚做计调，虽然知道车票在旺季不好买，但对于车票的严峻性认识还不够深刻，因此发完传真后，小李没有进一步跟进。票务在9月23日的时候通知小李K682的火车票只剩十几张了，由于情况紧急，因此小李要求票务必拿到60张大连—北京的火车卧铺票，保证团队顺利回到北京。最终60个人的团队分了三趟车回到北京，其中还有30多人坐Z81软卧，即使如此仍然被客人投诉，还损失了票差3 000多元
启示	在旅游旺季，计调对于车、房、交通票据等方面要确保无误，再决定是否接团，否则不但经济受损，还有可能失去客户

2. 职业能力要求

因为地接计调负责旅游者在本地旅游过程中各项服务的采购工作，因此作为地接计调必须熟悉掌握本地区和周遍可利用地方的宾馆、车辆、导游、景区、景点情况，具体包括以下内容：

（1）车辆：地接计调要熟悉车辆的价格和车况等信息。包括车龄、车型、车况、驾驶员情况、运营公司的基本信息、经营状况、事故的处理能力等。同时，应了解车辆在不同季节、淡旺季的车费情况。

（2）酒店：地接计调应详细了解旅游酒店的信息，包括酒店的位置、星级、硬件设施、管理水平、经营情况、淡旺季的价格及变化情况。作为地接计调，在条件允许的情况下，可到周边的酒店进行实地考察，仔细了解酒店的基本情况，并拍照留存。

从业建议

旅游车费的计算

【思考与练习】

地接计调在考察酒店设施时，应从哪些方面进行考察？

你的答案

（3）景区（点）：了解本地区所有的景区（点）的门票情况、自费景点、索道或电瓶车等景区内交通的价格、资源品位、相关设施，以及景区（点）的特色等信息。

（4）导游：地接计调应充分熟悉导游的年龄、外型、学历、经验、接团质量、性格、责任心、平常心、金钱观念、突发事故的处理能力、适合的团型等，以便选择最合适旅游团队的导游。

（5）竞争者：熟悉本地竞争者的情况，了解竞争对手的行程、特色、报价、操作质量、优势和劣势等情况。

（6）合作社：熟悉和本社进行合作的上下站合作社的基本情况、操作质量、运营特点、竞争情况、报价与线路情况、行程特色、合作态度等。

从业建议

计调要做好成本控制与质量控制

四、地接计调操作要求

1. 熟悉操作流程

地接计调人员面对每个接待计划都有大量的工作要处理，如果对自己岗位的工作流程不熟悉，就会使工作缺乏条理性和计划性，从而降低工作效率，工作起来不知从何入手，造成工作中重要步骤和重要信息的缺失。严重的就会给旅行社造成经济损失，给游客带来麻烦，失去合作社对自己的信任。因此，作为地接计调人员，要从熟悉岗位工作流程入手，加强工作的计划性和条理性，在团队操作中避免出现疏漏，保证团队的接待质量。

视频

地接社计调工作流程

【案例分析】

航班未确认导致的误机

案例描述	某地接计调小王，接受组团社的委托接待团队，根据双方的合同约定，由小王负责预订返程机票。小王按照约定订好返程机票后，向导游下发了出团计划。导游按照计划完成接待工作，按照计划送游客去机场时才发现原定的航班已经起飞，原来，由于航空管制，航班起飞时间提前了。导致游客滞留当地，造成经济损失。游客要求地接社进行经济赔偿。 在实际操作中，地接计调应该怎么避免出现这种事故？
你的答案	

2. 灵活处理常见问题

地接计调人员在实际团队操作过程中会遇到各种各样的问题，有些是由可控因素造成的，有些是由不可控因素造成的。计调人员处理具体问题时要灵活多变。在不违反国家法律和相关政策的情况下，地接计调人员有权在自己的职权范围内处理团队操作中遇到的各种问题。控制事态扩大，使各方的损失降到最低。

【案例分析】

游客提出更换酒店导致的投诉

案例描述	北京某地接计调小李，在接待一个旅游团时，按照组团社的要求，电话预订了北京某三星级酒店。团队抵达后，导游带领团队到酒店办理入住，游客到酒店后发现酒店正在装修改造，严重影响游客的休息和出入，游客向导游提出更换酒店。导游请示地接计调小李，由于小李没有备用方案，时值旅游旺季，一时之间难以找到合适的酒店调换，小李拒绝了游客的要求。游客返程后向组团社提出了投诉。 地接计调小李在操作中存在哪些错误？
你的答案	

3. 执行请示汇报制度

请示汇报制度已经成为各行各业普遍遵守的法则，旅行社计调人员也不例外。在实际工作中，计调人员对各种事件，包括有利的和不利的都要坚持请示汇报制度。即使计调人员处理完成的事件，事后也要向上级领导汇报，使领导清楚地掌握实时信息。这样对旅行社进行计划决策、调整经营方向起着重要的作用。

五、地接服务采购工作

（一）交通服务采购

1. 与交通部门合作的步骤

（1）旅行社首要和航空、铁路、水运、旅游车队建立联系，签订合作协议。但是，在实际操作过程中，尤其是在旅游旺季，火车票、飞机票和旅游车的预定都很紧张，造成旅游计划无法顺利执行，影响旅游团队的正常运行。因此，要与这些交通部门签订合作协议，明确双方的权利和义务，同时，在平时要注意协调与这些部门的关系，争取获得其最大程度的支持。

（2）及时获取最新价格表和航班、列车运行表，随时与交通部门保持联系。

（3）对各种票务的最新规定，进行整理、打印、分类、备案，同时分发给旅行社外联、财务部门。包括：提前预订票的时间限制，订票应交付定金的百分比，改票、退票的损失比例等。

（4）与财务部门协商，设计、印制各种单据，包括机/车票报账单、机/车票定（或订）金报账单、机/车票变更/取消报账单。

(5) 与票务部门协商，设计、印制订单，包括飞机票预订单、火车票预订单、旅游车预订单或租车协议。

(6) 根据接待计划实施订票、订车工作。

(7) 明确拿票手续和报账程序。

2. 与交通部门合作的注意事项

(1) 订票时，要注意因线路、季节的不同，造成的价格不同，特别是儿童票价的优惠政策。

(2) 订票时要注意写清楚乘机人的姓名和证件号码，不能出现差错。

(3) 预订火车票时要注意火车硬卧、软卧的价差和上下铺的价差。

(4) 预订旅游车时，要注意了解汽车的设施设备是否齐全，车况好坏等。

规范操作

旅行社旅游团队接待用车合作协议

（二）住宿服务的采购

1. 住宿服务采购的步骤

(1) 根据旅行社客流量、团队性质、住宿要求与区域内的宾馆、酒店进行洽谈，在可能的情况下实地考察企业的环境、设施和服务情况，签订合作协议。

(2) 了解有关订房的相关规定。包括：有无预订要求或提前预订房的时间；明确旺季、平季、淡季的月份计划及具体价格；掌握客房单、双、三人间，大、中、小套间，豪华、总统套间等不同类型房间，在不同季节的价格；门市价（散客价）、旅行社合同价（团队价）和特殊优惠价，加床费、陪床费等；各式早餐、正餐的价格等。

(3) 掌握酒店最新客房行情，争取更优惠的房价，要经常与饭店保持联络，及时主动地将客人反映的情况转达给酒店。

(4) 印制相关单据，包括订房通知单、变更住房通知单、取消住房通知单。

(5) 明确与饭店的费用结算方式和结算周期。

(6) 团队操作时，根据团队计划，向酒店预订房间，发送订房通知单。

2. 与住宿单位合作的注意事项

(1) 订房时密切关注组团社和游客的要求，预订符合要求的酒店。

(2) 订房时，如果是重点团队，或团队中有重要客人，旅行社应提前通知酒店，在其客房内摆放鲜花或水果。

(3) 如果旅游团需要举行小型的欢迎仪式，或需要悬挂条幅、电子屏幕的，应事先征得酒店的同意。

(4) 如果是会务考察型团队，需要酒店提供会议室的，应提前与酒店定好，并保证会议室相关设备完善。

（三）餐饮服务的采购

1. 餐饮服务采购的步骤

(1) 在可能的情况下实地考察旅游定点餐厅的位置、环境、卫生状况、停车场地、便餐和风味餐菜单等。

规范操作

×××旅行社与×××酒店合作协议

（2）与餐厅洽谈用餐费用标准，与餐厅洽谈用餐事宜，并签订旅游用餐协议。

（3）与旅行社财务部门协商印制"餐饮费用结算单"，内容包括餐饮单位名称、电话、联系人的姓名，不同等级（标准、豪华）旅游团队的用餐价格，用餐人数、司陪人数、导游签字等。

（4）团队在操作过程中，根据组团社的要求选择适当的餐饮单位，发送订餐通知，确定用餐人数、标准、时间、特殊要求等事宜，并接收餐饮单位的回传确认。

（5）在导游出团计划中标明用餐地点、联系人姓名和联系方式，以便导游做好用餐安排。

（6）根据餐饮费用结算单与财务部门共同审核，并由财务部门按照双方约定统一向签约餐厅结账付款。

2. 与餐饮部门合作时应注意的事项

（1）选择餐厅时，定点餐厅不宜过多，应该少而精；而且要注意餐厅的地理位置，尽可能靠近机场、车站、码头、景点等，避免因用餐而增加行车里程。

（2）订餐时，及时准确地把旅游者的宗教信仰和个别游客的特殊要求转告餐厅。

（3）提醒餐厅，结算用的"餐饮费用结算单"上，必须要有导游的签字，否则无效。

规范操作

旅行社与饭店关于旅游团（者）用餐协议

【思考与练习】

一个42人的团队应定几桌餐？
你的答案

从业建议

旅行社选择旅游餐厅的技巧

规范操作

旅行社选择旅游定点餐厅的标准

（四）游览项目的采购

1. 游览项目采购的步骤

（1）与旅游景区、景点等旅游单位进行洽谈，签订合作协议。包括：团队门票的协议价格，大、小车辆进园的费用，费用结算的方式和期限等。

（2）与签约的景区景点协商印制门票费用结算单。

（3）将与签约的景区景点的协议事项整理列表，并发送给接待部门、导游人员。包括：签约单位的名称、联系电话、联系人；景区、景点的进门方向；前往景区、景点的行车路线、停车地点等。

2. 游览项目采购的注意事项

（1）旅游景区、景点的费用结算单上必须有单位的公章和导游的签字，否则无效。

（2）旅行社在与景区、景点签订合作协议的同时，还应与景区内的附属单位或服务部门签订协议，以保证旅游团的游览活动顺利进行。如景区内的另行收费的游览项目、独立运营的游览车、索道、游船等。

规范操作

旅行社与景区的合作协议

（五）与娱乐、购物单位的合作

1. 与娱乐单位的合作

（1）与娱乐单位签订合作协议。确定演出费用；旅行社预订方式；旅行社还可以要求娱乐单位为旅游团进行包场演出等。

（2）将娱乐单位名称、地址、联系电话、联系人、节目单、演出时间等信息进行整理，并下发接待部门和导游人员。

（3）随时与娱乐单位保持联系，有新节目上演时，要了解节目内容，索取节目简介，并通知接待部门和导游人员。

（4）团队在操作过程中，根据接待计划，实施订票，并把预订情况通知接待部门或导游人员。由导游人员进行购票并将发票和结算单带回旅行社进行报账。

（5）财务部门根据双方协议进行结账。

2. 与购物单位的合作

（1）与旅游定点商店签订协议，明确相关内容：导游带团购物，给予导游和旅行社的业务提成；旅行社应尽的义务及经济收益上所占的比例。

（2）将签约的商店名称、导游带团购物手续、附属的有关规定进行整理，并下发接待部门或导游人员。

（3）与财务部门协商制作购物结算单。

（4）根据协议规定获得购物提成，并按照旅行社内部分配政策进行分配和奖励。

规范操作

《旅游法》中关于购物的规定

【案例分享】

	游客高价购买玉佩要求退货
案例描述	王小姐参加某旅行社组织的云南七日游，在西双版纳由当地导游带到商场，刷卡消费 93 000 元购买了一块玉佩。第二天，王小姐向商场提出因价格太高，要求退货的请求，但被商场拒绝。返程后，王小姐向鉴定部门申请对玉器进行鉴定，经鉴定玉佩属 A 货，并非假冒伪劣商品，但 93 000 元的价格是虚高了。王小姐坚持因玉佩价格过高而向旅游质监管理部门进行投诉，提出让组团社帮助其退货的请求
启示	1. 处理结果。经协调，由组团社先行赔偿王小姐购物款 91 100 元（除 1 900 元的刷卡费和汇款费），组团社再向云南地接社和商场索赔。经组团社所在地旅游质监管理部门与云南旅游执法部门协调，将王小姐购买的玉器退还给商场，商场将购买玉器款额如数退还给了组团社。 2.《中华人民共和国旅游法》第 35 条规定："旅行社不得以不合理的低价组织旅游活动，诱骗旅游者，并通过安排购物或者另行付费旅游项目获取回扣等不正当利益。旅行社组织、接待旅游者，不得指定具体购物场所，不得安排另行付费旅游项目。但是，经双方协商一致或者旅游者要求，且不影响其他旅游者行程安排的除外。"鉴于本案例属于导游带领前往的购物，根据《中华人民共和国旅游法》第 71 条规定："由于地接社、履行辅助人的原因导致违约的，由组团社承担责任；组团社承担责任后可以向地接社、履行辅助人追偿。"由组团社承担连带责任；组团社承担责任后可以向地接社、履行辅助人追偿

（六）与保险公司的合作

（1）认真学习《旅行社投保旅行社责任险规定》和保险公司的有关规定。

（2）与保险公司就旅行社游客的旅游保险事宜签订协议书。

（3）团队在操作过程中，将投保的旅游团的名单发送给保险公司，并要求保险公司及时回复传真确认，作为投保依据。

（4）接收和保存保险公司的承保确认书。

（5）根据投保人数和保险种类向保险公司缴纳保险费。

（6）做好应急预案。由于旅游的不确定性和高风险性等多种因素，计调人员在团队操作中应该提前做好应急预案，出现问题时，能够及时找出备用方案，做到未雨绸缪，尽量预防各种危害事件的发生，以减少旅游者的损失。

（7）团队在运行过程中，当团队或游客在旅游途中发生意外事故或遇到自然灾害，必须及时向第一线的导游员了解情况，必要时去现场考察并以最快的速度通知保险公司，在三天内向保险公司呈报书面材料，其中，包括旅行社游客旅游保险事故通知书、旅行社游客保险索赔申请书。

（8）索赔时，必须向保险公司提供有关方面的证明，其中包括医院的"死亡诊断证明"、民航或铁路部门的"行李丢失证明"、饭店或餐厅安保部门的"被盗证明"等。

【案例分析】

游客在旅游中意外伤亡事件

案例描述	1. 新婚夫妻报名参加旅行社组织的巴厘岛蜜月履行，报名时旅行社告知"送保险"，夫妻两人因此没有再买任何旅游保险。在参加自选的潜水项目时，由于不会游泳，妻子在慌乱中呛了水，不幸身亡。因为有送保险的承诺，回国后，丈夫向旅行社索赔，此时，旅行社才说明送的是本该就是旅行社购买的"旅行社责任险"，自选活动不在理赔范围。旅行社拒绝理赔。 2. 小杨在某个国庆黄金周参团出国游，旅途中在一次自由活动时，不小心扭伤了脚，他认为这属于意外受伤，旅行社为自己买了保险，应该能有保障，找旅行社要求索赔，旅行社却答复说："这不是因为导游和旅行社造成的损失，不是旅行社的责任，不能理赔。" 你认为这两个案例中旅行社应该向游客进行赔偿吗？为什么？
你的答案	

规范操作

旅行社责任险基本条款

【思考与练习】

上网了解旅游意外险，对比旅行社责任险基本条款，说说它们的区别？	
你的答案	

六、旅行社计调对导游人员的管理

（一）导游的概念、职责与分类

1. 导游的概念与职责

导游人员是指依照《导游人员管理条例》的规定取得导游证，接受旅行社的委派，引导游客感受山水之美，解决旅途中可能出现的突发事件，并给予游客食、宿、行等方面的帮助的服务人员。

根据当前我国旅游业的发展状况和导游服务对象，导游人员的基本职责可概括为下述五点：

（1）根据旅行社与游客签订的合同或约定，按照接待计划安排和组织游客参观、游览；

（2）负责为游客导游、讲解，介绍中国（地方）文化和旅游资源；

（3）配合和督促有关单位安排游客的交通、食宿等，保护游客的人身和财物安全；

（4）耐心解答游客的问询，协助处理旅途中遇到的问题；

（5）反映游客的意见和要求，协助安排游客会见、会谈活动。

从业建议

导游对旅游质量起着重要的作用

2. 导游的分类

（1）按业务范围划分，导游人员可分为海外领队、全程陪同导游人员、地方陪同导游人员和景点景区导游人员。

（2）按职业性质划分，导游人员可分为专职导游人员和兼职导游人员。

（3）按导游使用的语言划分，导游人员可分为中文导游人员和外语导游人员。

（4）按技术等级划分，导游人员可分为初级导游人员、中级导游人员、高级导游人员和特级导游人员。

（二）专职导游人员管理

（1）加强对导游人员的培训与考核。导游服务质量的高低是由其本身的素质决定的，所以，旅行社应加强对导游人员的培训与考核，把提高导游人员的素质放在重要的地位。旅行社对导游人员的培训包括岗前培训、上岗培训、业务集训、脱产深造等方式。具体的培训内容如下：

1）学习旅行社规则制度。包括上团制度、报账制度、借款制度、使用旅行社用品的规定等。

2）交流带团经验。导游员对带团中出现的新问题及解决问题的方法进行交流，导游人员之间的相互交流有助于提高集体的凝聚力。

3）传授讲解技巧。聘请专业人员传授带团中的讲解技巧、讲解方法，提高导游人员的业务水平。

旅行社对导游人员的考核可分为考试和年审两种形式。考核内容主要有全年工作量、业务能力、游客投诉与表扬、学习与进修等情况。通过考核可以全面了解每个导游人员的品德、能力与成绩。考核后，要建立导游人员档案，作为完善管理，进行奖惩、晋级的主要依据。对于接待质量一贯良好的导游，旅行社应多为其提供带团的机会，可以给予其一定的物质或精神方面的奖励；对于接待质量低劣的导游人员，一定要加以批评指正，情况恶劣的，还可以终止劳动合同。

（2）实行合同化管理，强化导游人员的责任感。劳动合同是劳动者与用人单位确立劳动关系、明确双方权利与义务的协议。它作为劳动关系的法律形式，具有控制人们在劳动过程中的行为、规范劳动活动、调整劳动关系的作用。因此，劳动合同一经签订，就具有法律效力。旅行社对导游人员实行合同管理，根据与其签订合同的规定，对导游人员承担的义务进行监督、检查。这是促使导游人员依法为游客提供优质导游服务的保证，是提高导游服务质量的重要措施，可促使导游人员增强责任感，自觉地为游客服务。

（3）强化对导游人员的检查与监督机制。由于导游人员常年在外独立工作，旅行社采取一些措施强化对导游人员的检查和监督是必要的，不仅有利于加强对导游人员的管理，而且有助于促进导游人员工作自觉性的提高。在这些措施中，除请游客填写"游客意见表"和由导游人员填写"陪同日志"外，一些旅行社还采取制定"导游服务质量评价表"征求意见、定期到有关接待单位听取意见或不定期地派人到现场进行检查等措施。

（三）兼职导游人员管理

旅游行业的季节性，使旅行社在旅游旺季需要大量的导游人员从事接待工作，因此，旅行社需要使用一定数量的兼职导游人员。兼职导游人员虽然不属于旅行社的编制，但是旅行社临时安排他们接待游客，兼职导游的服务质量对旅行社的声誉也会产生影响。因此，加强兼职导游人员的管理也是计调人员的一项重要工作内容。

（1）订立合同。旅行社在聘用兼职导游人员时，应对其所在单位的证明、导游资格证书、职业道德、身体状况、有无违规记录等情况进行审核、登记，以确定是否与其签订劳动合同。旅行社对兼职导游人员进行合同管理，规定彼此的权利和义务，目的是提高其服务质量、促使其依法为游客提供高质量的导游服务，有助于提高兼职导游人员的工作责任感，更好地为游客服务。

（2）建立考核制度。为了便于对兼职导游人员进行考核，旅行社应建立兼职导游人员业务档案，收录其导游天数统计、游客评价、表扬和投诉、事故记录等。根据这些资料，定期对兼职导游人员进行考核，确定是否需要对其进行培训或继续聘用。

（3）导游例会制度。兼职导游人员平时无须在旅行社定时上班，但是旅行社可以定期召开兼职导游人员例会，对兼职导游人员的接待服务质量进行点评、安排接待任务、沟通有关信息，增强兼职导游人员的组织观念，提高团队凝聚力。

（4）严格奖惩制度。旅游接待质量关系到旅行社的生存，旅行社要采取一定的措施对兼职导游人员的服务质量进行监控。对于接团质量一贯保持优良的兼职导游人员，旅行社要为他们布置任务，设置给予一定的奖励；对于接待服务质量低劣的兼职导游人员，一定要加以批评指正，情况恶劣的，除按规定处理外，还可以终止劳动合同。

（四）计调人员安排导游上团时的工作

1. 导游人员上团前计调人员的工作

（1）向导游人员介绍团队的基本情况。如客人的来源、团队的性质、团队的接待标准、团队的特殊要求等。

（2）提醒导游人员带好上团必备物品。如接待计划、餐饮结算单、住宿结算单、门票结算单、导游旗、接团标志、现金、扩音器等，同时，写清楚各个协作单位的联系方式及负责人等。

2. 导游人员上团过程中计调人员的工作

（1）对导游人员带团工作进行监督。计调人员不可能对每个团队都做到现场监督导游的工作，这种监督工作的信息主要来源于司机、接待单位、旅游者等。

（2）出现问题及时处理。在游客游览时发生各种问题，导游人员又处理不了时，计调人员应及时出面代表旅行社协调处理。

3. 导游人员下团后计调人员的工作

（1）及时总结。导游人员下团后，计调人员应督促导游对带团情况进行总结，最好要求写出书面材料。不能写出书面材料的也应该口头向计调人员汇报带团中成功之处，以便为今后的工作留下宝贵的经验。同时要将带团中的不足之处及时汇报，从中吸取教训，以便在日后的工作中加以改进。

（2）导游人员报账。督促导游人员及时回社里报账，并提醒导游人员报账时带齐各种单据，报账时要求导游人员归还向旅行社借出的物品。

【案例分享】

用人唯亲使不得	
案例分享	某地接计调小张，接受组团社的委托，接待了一个重要的旅游团队。在安排导游时，一个朋友联系他说，自己拿到导游证，想带团。小张碍于朋友的关系，虽然知道这个导游没有带团经验，还是安排他上团。在带团过程中，由于导游不熟悉业务，在食宿安排上都出现了问题，导游讲解也不到位，同时，为了多挣钱还擅自和司机商量增加了一个购物点，游客对此非常不满，向组团社进行了投诉。组团社因此扣留了部分团款，导致旅行社遭受了损失
启示	安排导游员是计调人员的一项重要工作。计调人员应该根据团队的情况，安排合适的导游上团，保证团队接待质量。计调人员在安排导游时应该公平公正。从全局考虑，不能因为个人情感视旅行社的利益而不顾，选择能力、经验、业绩、讲解水平等过硬的导游人员，而不是与自己关系较近的导游人员

七、地接计调接团业务工作

（一）内容准备阶段

1. 制订接团计划

接团计划，是旅行社落实各项旅游服务的文字依据，是组团社与地接社进行合作的基础。

当地接社接到组团社的询价时，要根据组团社的要求进行报价和行程设计。随后等待组团社的预报计划，制订一份详细的接待计划。接待计划应包括具体行程安排、游客基本信息、团队基本情况和接待标准、特殊要求等内容。其中，行程安排要写明全程游览线路，抵达时间、地点、车次或航班，各旅游点之间使用的交通工具，主要游览项目、餐饮安排、住宿安排、购物娱乐项目安排等内容。游客基本信息包括游客名单，要注明游客职业、年龄、性别、宗教信仰、民族等信息。团队基本情况应包括组团社名称，旅游团编号、全陪姓名、联系方式、团费、接待标准、各地住宿酒店名称、团队特殊要求、团款结算方式等内容。

接待计划制定后，要根据团队的性质确定接待重点和注意事项。若是医疗保健、宗教朝圣、商务会议等性质的旅游团队，除做好一般的旅游活动安排外，要尽早与有关部门和单位取得联系，安排好专项活动的时间、地点、用车，甚至要做好为会议团编印会议通知、在酒店或机场设置服务台等事宜。

2. 合理安排旅游行程

（1）行程安排要留有余地，松紧有度，一种活动量大的游览项目后，应该安排一个较为轻松的游览项目或提供一定的休息时间，以使游客体力、精力得以恢复，避免因过度劳累造成的兴致降低的问题。

（2）在安排行程时要充分考虑旅游团自身的特点，若是中老年的旅游团，应注意不要安排过多项目，节奏要放慢；若是以年轻人为主的旅游团，则可以多安排一些项目，每个景点停留的时间可以缩短。如果旅游团有特殊要求，还要进行一些不同的项目安排。

（3）在行程安排中适当留出一些自由活动的时间。如在下午和晚上安排游客自由活动，可以让游客更深入了解当地居民的生活。注意不要安排游客到治安条件不好、环境复杂混乱的地方自由活动。

3. 做好预订工作

按照接待计划向票务人员发送订票通知单；按计划要求预订团队的住房，并与酒店核对订房计划；按团队行程安排地面交通；按团队要求安排团队订餐、购物、娱乐活动。最后将所有计划进行落实汇总，向有关接待部门下达接待通知。

4. 安排导游人员

根据旅游团队的性质和要求，安排合适的导游人员。针对不同的团队，适当挑选导游人员，有利于更好地为游客提供服务。

5. 检查与监督

地接计调要注意对团队接待计划的执行情况进行检查和监督，尤其是在旅游旺季，要及时监控住房、餐饮等的预订；同时，还要对导游人员进行监督和指导，以保证接团工作的顺利进行。

（二）接团阶段

接团阶段是地接计调工作的重要部分，一方面，导游人员独自在外带团，旅游团队处于流动状态，计调人员对接待质量难以有效控制；另一方面，住宿、餐饮、游览过程中也容易出现各种问题，所以，在接团阶段计调人员要密切关注团队的运行，加强管理。

（1）建立请示汇报制度，对团队接待工作进行检查或抽查。计调人员在安排导游人员时，应选择独立工作能力和应变能力较强的人员。计调应建立适当的请示汇报制度，当遇到计划变更和发生事故时，导游人员要及时进行汇报，保证问题得到及时正确地处理。同时，也要给导游人员一定的权限，在合理而可能的情况下处理问题，保证接待工作的顺利进行。

（2）监督接待计划的执行情况。计调人员应随时与相关酒店、饭店、购物娱乐单位进行联系，了解团队的运行状态，保证服务质量。在有条件的情况下，计调人员还可以亲自前往景点或酒店检查导游的接团情况，向游客了解接待质量与行程安排，获取反馈信息，改进接待质量。

（3）及时处理出现的问题和事故。在接团过程中，由于各种原因，经常会出现一些责任性或非责任性的事故，如漏接、错接、误机、游客财物丢失、游客走失、受伤等。计调人员一方面在制订计划时要考虑周全，避免发生事故；另一方面在事故发生后，要及时帮助导游人员处理好各种问题，涉及行程变更的，计调要做好退订工作，并及时通知下一站接待社，维护游客的利益，尽量降低损失。

（4）安排导游人员。根据旅游团队的性质和要求，安排合适的导游人员。针对不同的团队，适当挑选导游人员，有利于更好地为游客提供服务。

（5）检查与监督。地接计调要注意对团队接待计划的执行情况进行检查和监督，尤其是在旅游旺季，要及时监控住房、餐饮等的预订；同时，还要对导游人员进行监督和指导，以保证接团工作的顺利进行。

（三）结束阶段

（1）建立健全接团总结制度。为了提高今后的服务质量，计调要建立接团总结制度。如要求导游人员写出接团工作总结，内容包括团队的基本情况、游客的特点和表现、接团中发生问题的原因及处理、对整个接待计划的意见和建议等。发生重大事故时，要将有关事故处理的措施、意见等文件整理归档，以备查询。

（2）及时收集反馈信息。计调人员要向导游人员发放并收回"游客意见反馈表"，督促导游人员请游客如实填写，收集游客对接待过程中的食、宿、行、游等活动的意见和建议，了解游客对服务质量的直接感受及游客需求，对接待计划进行改进，努力提高接待服务质量。

（3）处理游客的表扬和投诉。表扬，是游客对导游人员工作的肯定，计调可以对优秀导游人员进行表扬和奖励，促进导游队伍素质的提高。当游客有投诉时，正确处理投诉，不仅可以补救工作中的失误，取得游客的谅解，而且可以吸取经验教训。对于犯有严重错误的导游人员，计调要对其进行必要的处罚。

从业建议

地接计调每天应作的工作

知识链接

研学旅游

【思考与练习】

激情燃烧的岁月之井冈山红色文化研学之旅：井冈山是红色革命文化的摇篮。近年来，它凭借着丰富的红色文化资源，开展具有地域特色的研学旅游活动。游客在这里既可以享受井冈山峰峦叠嶂、层林尽染的美景，又可以通过参观烈士陵园与博物馆重温革命历史，体验红军的艰苦生活，向红军先辈致敬，体验当年红军的作战过程，感受激情燃烧的岁月，深受研学旅游者的欢迎。以小组为单位设计一条井冈山红色文化研学之旅的旅游行程。

你的答案	

任务二　地接计调接团业务操作

任务清单

任务名称	地接计调接团业务操作
任务描述	通过完成地接社工作任务，掌握地接计调订房、订车、订餐、选派地陪等业务的落实工作；学会制作相关单据。能全程监控，并随时应对调度变更；掌握团款结算的相关知识；具备承担地接计调工作的基本业务能力和职业素质
任务目标	地接计调接团操作流程
任务要求	根据地接计调的工作流程，设计一条本地游行程，完成行程报价、接待计划制订、服务项目预订、安排导游、团款结算等工作
任务思考	（1）设计行程时应考虑的因素。 （2）旅游行程制作的过程和方法。 （3）地接社接团价格计算
任务实施	地接计调的接团操作流程
任务总结	通过完成上述任务，你获得了哪些知识或技能
实施人员	
任务点评	

【做中学　学中做】

角色扮演：进行组团计调与地接计调的业务沟通，把沟通过程写在这里。

```
                                                    
                                                    
                                                    
                                                    
```

一、接受询价

地接计调接受询价时应细心了解组团社的团队信息，包括组团社名称、联系人姓名、电话（手机和座机）、传真、行程线路、等级标准、团队大概人数、出行日期、客人有无特殊要求（如风味餐、回民餐、增减住房、禁忌等）等相关信息，并进行详细记录。如果是电话询价，接听电话时应亲切、礼貌，吐字清晰，音速适中，语言委婉流畅。在通话时要将各个重要事项进行逐一确认，在组团社提出要求后，计调人员要重复对方的要求，以免发生因双方语言表达而产生的歧义。

从业建议

细节决定成败

二、设计行程

地接计调在设计行程时，要充分考虑组团社的要求和游客的需求，根据旅游市场的需求和发展趋势，了解游客的旅游动机。同时，针对不同的目标顾客和不同的消费水平，设计合理的行程，最大限度地满足游客和组团社的要求。

（一）设计行程时应考虑的因素

（1）选择游客未曾到过的、本地区最具特色的、可以开阔眼界的旅游景点。

（2）选择能够使游客从日常的紧张生活中获得短暂的解脱、提高情趣、舒畅身心的景点。

（3）行程设计要有效利用时间而又不太劳累。

（4）行程设计要花费尽量少的费用，得到最大的实惠、物美价廉。

（二）旅游行程制作的过程和方法

（1）收集同业行程。计调人员在设计行程时可以通过网络查询旅游行程，整理本社现有行程，收集同业的旅游行程。

（2）找出优点和缺陷。收集完成后，找出这些行程的优点和不足之处，在制作行程时进行借鉴。

（3）模拟制作。根据行程制作的要素，自己开始制作行程。

（4）检查核实。制作完成后，检查行程的格式是否规范，要素是否全面，内容是否正确。

（5）完善改进。在实际使用过程中发现问题，及时改正，并存档以备后用。

（三）旅游行程中包含的要素

旅游行程中的要素基本上包括旅游团的基本情况和要求、旅游日程安排、游客名单、特殊说明四个方面。

1. 旅游团基本情况和要求

（1）团号、组团社名称等；

（2）旅游人数、工作人员人数等；

（3）团队类别（考察团、观光团等）；

（4）服务级别（豪华、标准、经济等）；

（5）自订和代订项目；

（6）用餐要求（素食、回民等）；

（7）地陪要求（语种、性别、水平、性格、年龄等）；

（8）全陪情况（姓名、联系方式等）；

（9）组团社负责人、各个接待社联系人等。

2. 旅游日程安排

（1）游览日期、时间、地点等；

（2）出发和抵达城市名称；

（3）交通工具种类、抵离时间、地点等；

（4）住宿情况（地点、等级、标准等）；

（5）自费项目、风味餐。

3. 游客名单

（1）姓名、性别、国籍、证件号码；

（2）分房要求（双人间、单人间等）；

（3）特殊身份。

4. 特殊说明

（1）免责事由；

（2）餐饮标准；

（3）承诺事项；

（4）所赠送的物品和服务；

（5）特殊要求：衣物、行李、游览项目、文娱活动等。

【思考与练习】

沈阳大运通旅行社组织25位游客，于2021年7月18日16：00从沈阳桃仙机场乘坐南航CZ6673到成都，17：10到达双流机场，由成都神州国旅负责接待。接机后入住成都芙蓉丽庭大酒店。7月19日早餐后乘车赴九寨沟，中午在茂县吃午餐，晚上住九寨沟沟口的九龙宾馆，20日早餐后乘车到九寨沟大门，换乘观光车进入九寨沟内游览，游览九寨沟三条沟——日则沟、则查洼沟和树正沟。沟内午餐自理，晚餐后可自费参加藏羌风情烤羊篝火晚会。晚上住九龙宾馆，21日早餐后乘车前往松潘县境内的黄龙风景区。游览3小时后乘车前往松潘，晚上到松潘太阳河国际大酒店入住。22日早餐后乘车返回成都，22日21：00乘南航CZ6674返回沈阳，结束愉快旅程。请以地接计调的身份，设计一份九寨之旅的行程。
你的 答案

三、计价报价

地接计调按组团社的要求设计行程后,要进行价格核算并报价,报价时应体现出地接社的作业水平和合作诚意。地接计调每天要接到和发送很多询价与报价,这其中不可能每次报价都成功,但是作为地接计调,在做每份报价时都要细致,每一份报价都要体现出自己的合作诚意和工作水平。

1. 地接计调的报价技巧

（1）了解本地区其他同业的接待价格。地接计调在报价时要在本地区同业的接待价格中选择最高和最低的进行比较,从中选择一个平衡点。价格过高会导致组团社另找他家;价格过低会影响地接社的营业利润。

（2）清楚地知道自己所在旅行社的优势、劣势,洽谈合作中存在的风险,以及可能出现的机会。

（3）价格是一个敏感的话题,一般组团社和地接社之间会用电话沟通价格,再采用传真进行确认。

（4）了解市场行情,遇到组团社砍价,不要紧张,在报价时给自己留有余地。

从业建议

地接计调报价的技巧

2. 地接社接团价格计算

地接社的接团价格,是指接待游客在本地旅游所需的各种费用的总和。其一般包括车费、餐费、住宿费、景点门票费、地陪导游费、保险费、待定返程交通费、各种附加费、地接社操作成本、地接社利润、其他费用等。

3. 地接计调报价的基本要求

（1）要想做出一份高质量的报价,地接计调应掌握所报价地区的所有与旅游相关资源的详细信息。在掌握各方面信息时,要及时掌握信息随淡旺季节、重大活动、政府行为等影响发生的变化情况。

（2）要想做出一份高质量的报价,合理的行程编排是基础。地接计调应在报价中体现出:游览行程安排、每天游览景点、游览时间、停靠地点、用餐地点、每天移动距离、交通工具、抵离时刻、购物点、下榻酒店等;特殊安排,如风味餐、娱乐项目、语言导游、特殊细节等。在编排行程时,要突出本社线路的特色,提高竞争力。

（3）价格是报价的核心。地接社报价的价格一般都采用"成本加成定价法",即在地接社各种服务成本上加上一定的利润。在报价时要综合考虑本社产品的竞争力、同类产品竞争情况、组团社客户类型等。

（4）说明结算办法。在报价后注明结算办法,是吸引对方的重要细节。一般情况下应在团队确认后全额收取团款。但目前的实际情况是,大部分组团社出于各种原因都会扣下部分团款,在团队结束后付清余额。

（5）报价单的制作。

1）文件抬头格式一定要醒目、规范、讲究,要与企业的CI系统保持一致。

2）文本设计必须清晰、美观,有利于对方阅读,重点、特色突出。

3）字体、字号选择恰当。

4）在报价行文中，首先表示感谢对方的信任，表现出合作的诚意，列明概括报价依据（人数、国籍、用房、用车等）；然后按照日程、行程、特殊安排、报价（或单列）、联络方式的顺序——作出，文字要求精练、表达准确，特别是景点描述，要与产品宣传有所区别。

5）接到询价后应做到快速、准确。从回复速度上体现出本社业务熟练程度。

【思考与练习】

住宿：成都芙蓉丽庭大酒店普标200元/间/晚，九龙宾馆180元/间/晚，松潘太阳河国际大酒店入住普标180元/间/晚。

餐：成都餐标50元/人/餐，九寨沟餐标均为30元/人/餐，酒店均含双早。沟内自助餐自理。

门票：九寨沟门票160元/人，黄龙门票160元/人，九寨沟观光车90元/人，黄龙索道120元/人。晚会门票自理。

车：成都到九寨沟包28座金龙四天的租金共为8 000元。

成都市区到机场：28座金龙接机500元/次。

地陪：每天600元，按照4天计算。

按照以上费用标准计算九寨沟之旅地接价格。

你的答案	地接价格=

从业建议
地接计调报价的注意事项

【案例分享】

迟到的回复，失去的客户

案例描述	某组团社计调小李的一位客户，公司要组织员工利用假期去山西旅游，向小李询问山西旅游线路和价格，小李的旅行社原来没有发过山西团，于是小李在QQ同业群中找到一家山西地接，发了信息后，对方马上回复，于是小李将团队人数、行程日期、要求等告知对方，要求对方设计行程并报价，对方一口答应下来，说马上就做，30分钟回复。30分钟过去了，小李看对方没有回复，想可能对方在做行程，就又等了一会，差不多快一个小时了，小李给对方发信息，对方没有回音。就这样，小李隔一会就给对方发信息，对方一直没有回复。没有办法，小李只好又找了一家地接社进行询价。等到下午4点多快下班时，第一家地接社终于回复了消息，对方说因为临时有事，出去办事了，所以没有回复，并马上把行程和价格发了过来。小李告知对方，已经和其他地接社确认了团队。就这样，这家旅行社失去了一次合作的机会，也有可能永远失去了和小李合作的机会
启示	地接计调面对组团社的询价一定要迅速回复，如果因为某种原因不能马上回复，要提前告知对方原因和回复时间，争取组团社的谅解。像案例中的地接计调，如果因为有急事不能马上回复小李，可以先告知小李原因，如果小李着急，可以找旅行社其他人员来完成报价工作

零负团费——旅游业之殇

| 案例描述 | 在国家旅游局公布的2010年影响较大的10件旅游案例中有5件案例涉及强迫购物的问题。而产生强迫购物的根源在于旅行社推出的零团费、低价团和负团费，所谓零负团费接团，就是旅行社在接外地组团社的游客团队时，分文不赚只收成本价，甚至低于成本价收取。例如，本应每个人按1 500元接，结果200元就接了，那么这1 300元就是要填的坑。而这个坑，就需要旅行降低服务标准，导游通过额外加景点，增加购物来填补。从而导致整个旅游行业的混乱。我国内地开始出现"零负团费"是在2001年左右，当时在海南"三天两夜环岛游"仅收取200元费用；到2004年年底，云南游已发展到1 700元可以"北京—昆明—大理—丽江六日双飞"的程度；2005年，华东五市游、九寨沟成都游也频繁出现了这一模式，随后，"零负团费"现象波及全国。
这些案例如下。
1. 南京某旅行社低成本接待案
2010年7月18日，南京杨某等12名游客报名参团港澳五日游，在港澳游玩结束返回珠海逗留期间，珠海地接导游擅自将游览百货公司行程变更为珠宝店，并极力向游客推销香烟和珠宝，但游客都不愿意购买，为此双方发生激烈争吵。导游威胁并将所有游客赶下大巴车，双方对峙1个小时之后，司机自愿将游客送到广州白云机场，导游一度阻拦。
2. 浙江某旅行社港澳团退款案
2009年10月，浙江某旅行社组织港澳六日火车专列团，报价为796元/人（参团游客可获价值100元的《钱江晚报》1年赠阅，旅游费用实际为696元/人）。截至2010年1月，该旅行社共组织了三趟港澳游专列，游客总人数为2 947人。在游览期间，旅行社安排多次购物活动，诱导、强迫游客在珠海、香港、澳门等地购物。游客回到内地后发现，所购买商品存在质量问题，要求旅行社退赔，但因该旅行社对退货事件处理不当，没有先行赔付，引发大量游客集体上访。
3. 香港导游"阿珍"辱骂游客案
2010年1月，安徽省宣城市某电器公司开展有奖促销活动，获奖顾客可获得港澳双卧六日游大奖。电器公司委托宣城A旅行社承办此项旅游活动，A旅行社与没有出境游资质的宣城B旅行社合作，其后B旅行社又与深圳C旅行社签订了赴港澳游的委托协议。2010年3月24日，51人的港澳旅游 |

续表

案例描述	团从安徽出发，香港接待社为 D 旅行社。该团在港旅游期间，香港接待社所派导游李某多次胁迫游客购物，并进行人身侮辱。该团游客将导游李某在旅游大巴上谩骂游客的言行录了下来，回内地后将录像传至互联网上，引起社会广泛关注。 4. 湖南前乒乓球国手陈某某猝死案 　　2010 年 5 月下旬，湖南前乒乓球国手陈某某与家人参加了湖南 A 旅行社组织的香港游，香港地接社 B 旅行社安排郑某某为该团导游。5 月 22 日，郑某某将游客带到红磡一珠宝店，安排约 20 名游客入店购物。约 20 分钟后，陈某某独自走到店门外看报纸。半小时后，郑某某叫其返回店内，他进店后打算再离开时，被郑某某出言指骂并阻止他离开店铺，双方为此发生争执。陈某某气愤异常，心脏病发作，送医院后不治身亡
启示	作为地接计调，在核算价格时应以保证接待质量为前提，在行程设计时突出特色，用质量和特色赢得竞争的主动权，在与组团社沟通时，充分交流信息（了解客户的身份、了解客户外出需求的目的、了解组团和游客的关系），最大限度地协助组团社组团。其次，在接待细节上下功夫，如赠送游客些小礼物，每位游客发一份详细行程安排和注意事项，旅游途中加点水果等。而不能以降低接待标准来赢得组团社的青睐，招揽游客

四、编制《团队运行动态表》

地接计调报价后，如组团社接受报价，应要求对方尽快预报计划，以便地接社落实相关服务项目。

为了顺利完成地接工作，避免出现错漏，地接计调可以编制《团队运行动态表》，将团队信息、抵离时间、交通工具、车、房、餐、购物、娱乐、下站地接社、导游、其他特殊要求等信息编制在《团队运行动态表》中。

【做中学　学中做】

每小组设计一份《团队运行动态表》。

五、落实接待计划

在接到组团社的预报计划或组团社明确发团的情况下,地接计调应该着手落实相关接待事宜,尤其是在旅游旺季,地接社应该提前进行预订。根据组团社要求编制《订房单》《订车单》《订餐单》等,如包含返程交通,还应编制《订票单》。做好充分的接团准备工作。

视频
预定旅游用车

视频
预定酒店住宿和餐厅

【做中学　学中做】

每小组根据模板设计《订房单》《订车单》《订餐单》《订票单》。

【思考与练习】

旅游旺季,房、车、餐、票都紧张,团来了,接还是不接?	
你的答案	

六、团队确认

督促组团社或地接社自己制作团队行程确认书,进行书面确认。

团队确认书必须使用公司制作的标准模板或格式,内容必须准确且按要求完整填写(包括团队基本信息、行程、收费标准、结算方式、团队名单、特殊要求等)。确认书格式与组团社的基本一致。

同时,与下一站的地接社进行行程确认,制作《行程确认书》。《行程确认书》为双方委托接待的合同,也是双方发生纠纷处理的重要依据,特别是现在很多组接团都是口头通知或约定,一旦发生问题纠缠不清,因此一份详尽的行程确认书对于双方都是一个保障。

【做中学 学中做】

每小组制作一份地接《行程确认书》。

七、选派地陪

根据《行程确认书》及组团社的要求,选派地接导游,下发《出团计划》,注明团队基本信息、详细行程、住宿、餐饮、购物等安排,全陪姓名、联系电话,双方计调的姓名、联系方式等信息。

同时,向地陪下发游客名单、相关结算单据、备用金、游客意见反馈表等,并要求地陪签字确认。现在,地接社安排的餐、宿、景点门票,一般都采取签单的方式,因此,要让地陪携带各种费用的结算单,并在结算单上加盖作业专用章。

视频
地接社安排地陪导游

【做中学　学中做】

　　每小组根据模板制作地陪《出团计划书》《餐厅结算单》《酒店结算单》《门票结算单》等结算单据。

八、接待团队

　　在团队到来前，再一次确认团队车、房、餐、返程交通、下站地接等，以确保团队行程万无一失。

　　在团队运行过程中，地接计调应注意"一进一出"原则（对于重点团尤其注意跟踪），即密切关注团队抵达第一日及团队返程最后一日。

　　计调人员对整个旅游活动实行 24 小时跟踪监控，妥善解决各种重大问题，处理旅游过程中的突发事件，使采购的旅游服务保证供应，并做好衔接工作，从而保证游览过程的服务质量，避免给游客和旅行社造成损失，减少或杜绝投诉事件的发生。

　　如产生问题或投诉，应及时与游客沟通，以最快的速度解决问题，尽量把问题处理在当地，不要带回给组团社。在解决问题时应配有明确的处理意见书，需领队及全陪签字确认。如是重点团队，可以请领导看望团队，也可以赠送一些当地特产。

　　地接计调在处理突发事件时，一方面要考虑到游客的利益；另一方面应兼顾地接社和组团社的利益。在了解具体情况后，积极解决问题，协助组团社做好游客安抚工作。

从业建议

地接计调选择导游的技巧

【案例分享】

	司机与导游闹矛盾影响行程
案例描述	某南京地接社在接待一个北京来南京的旅游团队时，由于在南京的酒店是旅游团队在南京的关系户直接预订的，因此，没有安排司陪房。第一天接团，当司机和导游将游客安排好住宿后，导游打电话给计调小王，这家宾馆没有房间，于是小王和司机联系，希望司机能回家住，但司机推脱说要让车队经理决定。小王又和车队经理联系，把住宿安排的情况详细说明，车队经理的意思是，如果让司机回家，明天一大早还要赶回宾馆，司机太辛苦，希望小王就近找一家宾馆安排住宿，而且同意住宿费用车队负责。于是小王通知导游，让导游找一家条件好一点的宾馆，120元的标间。但当导游联系好宾馆后，司机却又不肯入住了。小王又联系车队经理，车队经理认为120元太贵，不让司机住了。小王以为事情就这样结束了，但在第二天的行程中，司机极其不配合导游的工作，导游让他到景区门口接游客，司机非要导游带游客到他指定的地点，让游客感到很不高兴。导游打电话给小王说明情况，小王也和领队进行了沟通，领队认为司机对待游客还可以，但是对待导游的态度很不好，游客看着很不舒服。小王马上联系车队经理，要求第二天换车。换车后团队运行相当顺利
启示	事件发生后，小王主动联系车队，寻求解决办法的做法是对的，同时，在得知司机和导游配合不好后，果断更换司机，也避免了因司陪矛盾导致的游客不满，这点做得也很及时。但是如果归咎事件起因，还是在于小王在和车队订车时没有详细说明情况。因此，计调在安排地接服务时，应全面考虑可能出现的问题，事先进行安排，避免因一时疏忽带来的损失

	游客摔伤后计调的处理
案例描述	某地接社接待了一个28人的旅游团。游客下午抵达后，导游正常接团，开始走行程。在游客第一顿晚餐后，导游打电话给计调小马，说有一位游客在离开餐厅时，在餐厅外的台阶上摔了，伤势较重。计调小马立刻叫导游打120，送游客去医院，并随即电话汇报情况。小马安排完后，又和导游确定了入住医院，买了水果、花篮，到医院看望游客，并了解了游客的受伤情况，按照医院的诊断，游客至少需要在医院休养一周的时间。能走动至少要一个星期的时间。为了安抚游客情绪，计调首先派导游在医院陪护客人，安排其他的游客早点回宾馆休息，准备充沛的精力走完后面的行程。计调表示所有的医疗费用由旅行社先垫付。同时协助游客找最好的骨科医生再次确诊。由于计调安排妥当，受到游客和组团社的一致好评，组团社、地接社、游客单位和餐厅分摊受伤游客及陪同人员的吃、住和返程机票费用。事件得到圆满解决
启示	通过这次事故的处理，我们可以得到四点启发：一是事故发生后计调一定要积极主动、迅速及时；二是作为旅行社负责人，不能回避问题，要学会在游客情绪高涨时冷静处理问题，并能及时地安抚游客；三是创造机会与游客联络感情，为处理事故奠定感情基础；四是计调在选择导游时一定要注重导游员的内在素质

九、团款结算

在团队行程结束前制作《团款结算单》，标明团款明细，团款总额、已付金额、余额，地接社银行账号等。在团队返程后，以传真形式发给组团社，催收团款。

【做中学　学中做】

每小组制作一份地接《结算单》。

十、向财务报账

团队结束后，要求地陪导游凭各结算单、发票等原始单据和《游客意见反馈表》及时报账。计调根据团队发生的费用制作《团费用小结单》及《决算单》，向财务部报账。

从业建议

地接社如何防止团款拖欠

规范操作

地接社接团业务档案文件整理要求

十一、归档

将团队操作的原始单据及与组团社往来的各种文件整理归档。团队档案一般应保存2~3年，以便旅游行政管理部门检查与监督旅行社接团情况。

【地接计调操作流程】

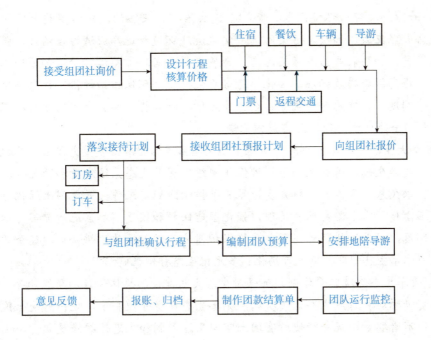

心灵之旅

建设美丽中国

"美丽中国"是在中共十八大报告中首次作为执政理念出现的，这也是中国建设五位一体格局形成的重要依据。十八大报告首次专章论述生态文明，首次提出"推进绿色发展、循环发展、低碳发展"和"建设美丽中国"。报告指出：建设生态文明，是关系人民福祉、关乎民族未来的长远大计。面对资源约束趋紧、环境污染严重、生态系统退化的严峻形势，必须树立尊重自然、顺应自然、保护自然的生态文明理念，把生态文明建设放在突出地位，融入经济建设、政治建设、文化建设、社会建设各方面和全过程，努力建设美丽中国，实现中华民族永续发展。

2015年10月召开的十八届五中全会上，"美丽中国"被纳入"十三五"规划，首次被纳入五年规划。

中共十九大报告提出，加快生态文明体制改革，建设美丽中国的重要任务如下：

（1）推进绿色发展。加快建立绿色生产和消费的法律制度与政策导向，建立健全绿色低碳循环发展的经济体系。构建市场导向的绿色技术创新体系，发展绿色金融，壮大节能环保产业、清洁生产产业、清洁能源产业。推进能源生产和消费革命，构建清洁低碳、安全高效的能源体系。推进资源全面节约和循环利用，实施国家节水行动，降低能耗、物耗，实现生产系统和生活系统循环链接。倡导简约适度、绿色低碳的生活方式，反对奢侈浪费和不合理消费,开展创建节约型机关、绿色家庭、绿色学校、绿色社区和绿色出行等行动。

(2)着力解决突出环境问题。坚持全民共治、源头防治,持续实施大气污染防治行动,打赢蓝天保卫战。加快水污染防治,实施流域环境和近岸海域综合治理。强化土壤污染管控和修复,加强农业面源污染防治,开展农村人居环境整治行动。加强固体废弃物和垃圾处置。提高污染排放标准,强化排污者责任,健全环保信用评价、信息强制性披露、严惩重罚等制度。构建政府为主导、企业为主体、社会组织和公众共同参与的环境治理体系。积极参与全球环境治理,落实减排承诺。

(3)加大生态系统保护力度。实施重要生态系统保护和修复重大工程,优化生态安全屏障体系,构建生态廊道和生物多样性保护网络,提升生态系统质量和稳定性。完成生态保护红线、永久基本农田、城镇开发边界三条控制线划定工作。开展国土绿化行动,推进荒漠化、石漠化、水土流失综合治理,强化湿地保护和恢复,加强地质灾害防治。完善天然林保护制度,扩大退耕还林还草。严格保护耕地,扩大轮作休耕试点,健全耕地草原森林河流湖泊休养生息制度,建立市场化、多元化生态补偿机制。

(4)改革生态环境监管体制。加强对生态文明建设的总体设计和组织领导,设立国有自然资源资产管理和自然生态监管机构,完善生态环境管理制度,统一行使全民所有自然资源资产所有者职责,统一行使所有国土空间用途管制和生态保护修复职责,统一行使监管城乡各类污染排放和行政执法职责。构建国土空间开发保护制度,完善主体功能区配套政策,建立以国家公园为主体的自然保护体系。坚决制止和惩处破坏生态环境行为。

"美丽中国"被赋予了新的内涵,蕴藏着多层寓意,发人深思、令人惊喜。

"美丽中国"注重生态文明的自然之美。从"人定胜天"的万丈豪情到"必须树立尊重自然、顺应自然、保护自然的生态文明理念",再到可感、可知、可评价的"美丽中国",说明我们党的执政理念越来越尊重自然,越来越尊重人民感受。改革发展让我们摆脱贫困,我们不要山清水秀却贫穷落后,但是强大富裕环境质量很差同样不是美丽的中国。中华文化最强调天地人的和谐相处,既要金山银山,也要绿水青山——这是百姓对"美丽中国"的最直观解读,十八大报告首次单篇论述"生态文明",全国党代会报告第一次提出"推进绿色发展、循环发展、低碳发展"等,把生态文明建设摆在总体布局的高度来论述,表明我们党对中国特色社会主义总体布局的认识深化了,也彰显了中华民族对子孙、对世界负责的精神。

"美丽中国"体现科学发展的和谐之美。科学发展观是建设美丽中国的理论指导和保障,实现可持续发展、建设和谐社会的目标,归根结底是人与自然相和谐的发展。提倡"美丽中国"是落实科学发展观的一种方式,可以说,"美丽中国"的提法既给我们指出了科学发展的具体方式,又给我们指明了经济社会发展的美好愿景。十六大以来,"绿色发展"的理念逐渐进入党的执政视野,已经在中国生根发芽——过去10年间,从巴厘岛到哥本哈根、德班,历届气候大会上,中国带头许下并切实履行绿色发展的庄严承诺;从"十一五"首次设立约束性指标,到清理整顿钢铁等高耗能行业,从实施京津风沙源治理等系列生态工程到出台节能减排计划,从单位国内生产总值能耗下降12.9%到生态补偿机制稳步推进，中国正逐渐告别"黑色发展"，走上"前人种树、后人乘凉"的绿色发展之路。我们有理由相信，在"美丽中国"理念的指导下，我们一定能实现"给自然留下更多修复空间，给农业留下更多良田，给子孙后代留下天蓝、地绿、水净的美好家园"的美好愿景。

　　"美丽中国"展现温暖感人的人文之美。"美丽中国"让中共十八大报告一改以往工作报告用词严谨、中性，缺乏感情色彩的传统风格，运用如此柔软、悦耳、富有诗意的词汇，使总书记的工作报告充满亲切感，更加贴近基层、贴近普通群众，迅速拉近了党代会与民众关切之间的距离，透露出民生温度和民意期许。实际上，以人为本的执政理念是本届党中央执政理国最富有创新和特色的地方。近几年，"民生"成为各级党组织和政府的"高频词"。从总书记关心灾民的吃饭、穿衣、喝水、住宿、医疗问题，总理"帮农民工讨薪""逛市场看肉价"，我们切身感受到了党中央对人民群众日常生活的关心和对改善民生问题的密切关注。"美丽中国"，美在山川，美在文化，美在历史，更美在人文——最美的是人。"美丽中国"，没有了最美中国人，如无根之萍、无源之水，徒具美丽外表，不具美丽生命。

【思考与练习】

　　谈谈你心目中的美丽中国。

你的 答案	

课后任务

任务名称	任务1 本地地接计调省内五日游接待工作的操作
任务说明	根据所给团队设计一条省内五日游行程,以本地接计调的身份完成地接各项服务内容的落实工作。客源地为自定,团队性质为常规团队(散客拼团),人数:42+1,要求常规行程,全线空调旅游车,住宿三星级酒店标间,抵离时间自定
任务目标	熟悉地接计调基本工作流程和操作方法,具体落实旅游团队地接的各项准备工作,落实团队行程,落实食、住、行、游、购、娱等,落实返程交通,落实下一站地接社。制作团队接待各项表单,如报价单、询价单、与组团社的团队确认书、与下一站地接社的确认书、导游出团计划、结算单等
任务性质	小组任务,利用网络等工具课上、课下完成
任务指导	1. 根据团队来源设计一条省内五日游行程。 2. 通过网络、电话等工具了解本地住宿、餐饮、交通、景点门票等价格信息。 3. 选定下一站接待社,落实返程交通,确定行程报价。 4. 编制旅游行程表。 5. 制作团队订餐协议、住宿协议、团队用车协议等文件,落实团队接待各项事宜。 6. 制作团队委托接待协议(团队确认书),与下一站地接社确定接团事宜。 7. 与组团社进行团队确认工作,标明接团注意事项和团款结算事宜。 8. 选派导游,编制导游出团计划。 9. 制作本地接导游餐饮、住宿、门票等结算单。 10. 团队行程结束,编制结算单,向组团社催款。 11. 整理团队档案
考核标准	1. 行程安排合理,线路内容完整;食、住、行、游、购、娱各项配套服务完整。 2. 本任务最终成果为本次团队接待工作的业务档案一份,各组根据地接社业务档案规范要求,完成业务档案相关内容的制作。 3. 设计成果以Word文档形式上交,要求内容完整。 4. 成果展示:普通话标准、表达流畅、注重仪态仪表,回答其他小组提出的行程中可能遇到的问题,由设计团队进行解决。 5. 总结完成本次任务的心得体会
备注	各组根据任务要求详细分工,填写项目计划书、项目总结、任务小组检查监控记录、任务过程表现评价表等学习文件

任务名称	任务2 本地地接计调东北全线六日游接待工作的操作
任务说明	将任务1省内五日游的团队行程改为东北全线六日游行程,以沈阳本地接计调的身份完成地接各项服务内容的落实工作,注意行程安排的合理性及客人返程的地点,做好和下一站旅行社的团队确认工作。抵离交通工具均为火车,抵离时间自定
任务目标	进一步熟悉地接计调基本工作流程和操作方法,具体落实旅游团队地接的各项准备工作,落实团队行程,落实食、住、行、游、购、娱等,落实返程交通,落实下一站地接社。制作团队接待各项表单,如报价单、询价单、与组团社的团队确认书、与下一站地接社的确认书、导游出团计划、结算单等

续表

任务性质	小组任务，利用网络等工具课上、课下完成
任务指导	1. 根据团队来源设计一条东北全线六日游行程（沈阳接团、大连送团）。 2. 通过网络、电话等工具了解本地住宿、餐饮、交通、景点门票等价格信息。 3. 联系黑龙江省和吉林省的地接社。 4. 编制旅游行程表，落实返程交通。 5. 确定行程报价。 6. 制作团队订餐协议、住宿协议、团队用车协议等文件，落实团队接待各项事宜。 7. 制作团队委托接待协议（团队确认书），与下一站地接社确定接团事宜。 8. 与组团社进行团队确认工作，标明接团注意事项和团款结算事宜。 9. 选派导游，编制导游出团计划。 10. 制作本地地接导游餐饮、住宿、门票等结算单。 11. 团队行程结束，编制结算单，向组团社催款。 12. 整理团队档案
考核标准	1. 行程安排合理，线路内容完整；食、住、行、游、购、娱各项配套服务完整。 2. 本任务最终成果为本次团队接待工作的业务档案一份，各组根据地接社业务档案规范要求，完成业务档案相关内容的制作。 3. 设计成果以 Word 文档形式上交，要求内容完整。 4. 成果展示：普通话标准、表达流畅、注重仪态仪表，回答其他小组提出的行程中可能遇到的问题，由设计团队进行解决。 5. 总结完成本次任务的心得体会
备注	各组根据任务要求详细分工，填写项目计划书、项目总结、任务小组检查监控记录、任务过程表现评价表等学习文件

同步测试

一、名词解释

地接　地接社　地接计调

二、简答题

1. 简述地接计调的工作特点。
2. 地接计调的操作要求有哪些？
3. 简述地接计调采购交通服务的步骤。
4. 简述地接计调采购餐饮服务的步骤。
5. 地接计调与住宿单位合作时的注意事项有哪些？
6. 地接计调采购游览项目时的注意事项有哪些？
7. 地接计调如何与保险公司进行合作？
8. 计调如何加强对兼职导游人员的管理？
9. 计调人员安排导游上团时的工作包括哪些？
10. 简述地接计调的工作流程。
11. 计调编制的旅游行程中应包含哪些要素？
12. 地接社报价的基本要求有哪些？
13. 地接社接团业务档案包括哪些文件？
14. 对比组团计调和地接计调工作流程，说明两者在工作性质上的区别。

案例分析

1. 未经游客同意安排购物点

游客陈先生报名参加了"广西、越南11日"旅游团。行程开始后，陈先生发现旅行社并未兑现自己的"无购物安排"承诺。在国内段旅游时，导游张某在旅游车上向游客推销龙眼干。在越南段旅游时，当地地接导游一天中带游客进了5个购物点，因耽误了大量时间，行程中计划的剑湖商业区及河内36条古街等游览项目被取消。在从越南返回国内的途中，导游又带领游客进了一家"芒街免税店"，造成约定的游览北部湾广场30分钟项目变成了乘坐大巴车匆匆观赏。

游客张先生参加某旅行社组织的张家界国家森林公园"两日一晚游"，行程中并未包含购物和自费项目。但在游览过程中该旅行社未与游客协商即安排另行付费旅游项目，该社委派的导游杨某诱导和变相强迫游客消费。

分析：导游张某在旅游车上推销商品的行为违反了《导游人员管理条例》第十五条"导游人员进行导游活动，不得向旅游者兜售商品"的规定，导游杨某诱导和变相强迫游客消费的行为违反了《导游人员管理条例》第二十四条"导游人员进行导游活动,欺骗、胁迫旅游者消费或者与经营者串通欺骗、胁迫旅游者消费的,由旅游行政部门责令改正,处 1 000 元以上 3 万元以下的罚款;有违法所得的,并处没收违法所得;情节严重的,由省、自治区、直辖市人民政府旅游行政部门吊销导游证并予以公告;对委派该导游人员的旅行社给予警告直至责令停业整顿;构成犯罪的,依法追究刑事责任"的规定。同时,旅行社违反了《中华人民共和国旅游法》第三十五条第二款规定:"旅行社组织、接待旅游者,不得指定具体购物场所,不得安排另行付费旅游项目。但是,双方协商一致或者旅游者要求,且不影响其他旅游者行程安排的除外"。

2."桂海"事件

2005 年 5 月 13、14 日,桂林桂海旅行社接待了由南京黄河旅行社发来的两个旅游团。可直到 17 日——第二个团在桂林停留的最后一天,"黄河"却未按约定支付两个团的团费,而是由"桂海"垫付了 10 余万元。"桂海"认为"黄河"恶意欠款,当日下午,该社导游请游客垫付剩余景点门票,并停止为游客支付晚餐和返程车票费用。

游客随即向桂林、南京两地旅游监督管理所及媒体投诉。经交涉协调,"桂海"以"先签单后付款"方式安排游客吃饭。后南京旅监所发来传真确认"黄河"未按约定付款事实,并从"黄河"质量保证金中划出 3 万余元给"桂海"用于购买游客返程车票。

由于被拖欠团费是全国地接社共同担心和痛恨的问题,"桂海"一时间在业界造成强烈反响,也引起了旅游主管部门的重视。桂林市旅游局、旅监所在对事件进行调查后,于 5 月 24 日下午召集桂林部分旅行社负责人,对组团社遭恶意欠款问题进行座谈,探讨解决办法。

分析:前面已经提过组团社欠款是目前引发组团社与地接社矛盾的一个主要方面,也是影响地接社接待质量的主要原因。作为地接社,一方面要认真履行接待义务,保证接待质量;另一方面要学会甄选组团社,尽量避免拖欠团款的事件发生。

地接社在选择组团社时应注意以下几个方面:

(1)在与组团大社合作时,由于规模大的旅行社部门多、各环节协调复杂,付款周期一般较长,因此,在与大社合作时,应在双方协议中,明确说明付款时限及违约责任。

(2)在与一些中小旅行社合作时,应提前了解旅行社资质,对组团社的资信进行调查和评估。

(3)考察组团社的经营状况是否良好,管理是否规范,人员素质如何,尤其是组团社管理者的个人素质及人品。

3.游客用餐时物品丢失,旅行社是否该负责?

游客刘女士报名参加华东五市七日游旅游团,旅游期间,刘女士手袋在旅行社带其就餐的饭店被盗。刘女士认为饭店安保不达标,投诉旅行社没有尽到谨慎选择供应商的责任,要求赔偿。旅行社称该饭店证照齐全,导游也一再强调游客要注意保管随身财物。遗憾的是游客就餐时把手袋放在其身后的椅子上,疏忽大意,导致盗窃发生。

分析:手袋属于游客的随身物品,游客负有保管义务,在此案例中,旅行社选择的饭店符合规定,导游进行了提示和提醒工作,因此,旅行社不需要对刘女士的损失负责。但是依据《中华人民共和国旅游法》第八十二条"旅游者在人身、财产安全遇有危险时，有权请求旅游经营者、当地政府和相关机构进行及时救助"的规定，旅行社有义务协助游客报警处理。出于人道主义，旅行社可以对游客进行一定精神抚慰。

4. 导游擅自增加自费项目的费用谁来出？旅游费差价该不该退？

李女士一家一行五人报名参加旅行社组织的华东五市+水乡双卧七日游，当日签订旅游合同。该旅游团为散客拼团，在旅游过程中地接社导游未征得游客同意，也未向旅行社报告，擅自增加无锡灵山，苏州乘船游运河，购买珍珠粉、玉器貔貅等旅游项目。此外，在旅游过程中李女士了解到，同团的旅游费比自己缴纳的费用低了600元左右。李女士要求旅行社退还增加自费项目款和旅游费差价。

分析：（1）关于增加自费项目的问题。游客抵达旅游目的后，地接社导游未征得游客同意，也未向旅行社报告，擅自增加无锡灵山，苏州乘船游运河，购买珍珠粉、玉器貔貅等旅游项目。旅游合同已经签订生效后，当事双方应当按照约定全面履行自己的义务，不得擅自变更和解除合同。导游人员是经旅行社委派，负责按照旅行社确定的接待计划安排旅游者游览的人员，在游览过程中地接导游员未征得游客同意擅自增加旅游项目，其行为违反《导游员管理条例》第十三条的规定，导游在旅游过程中的行为属于职务行为，应认定为旅行社违反合同约定，未征得游客同意擅自增加自费项目，旅行社应承担违约责任。

（2）关于旅游报价的问题。旅游合同已经签订生效后，对当事人具有法律约束力，当事双方应当按照约定全面履行自己的义务，不得擅自变更或者解除合同，也就是说，旅游者应当按照合同约定向旅行社缴纳旅游费，旅行社收到旅游者缴纳旅游费后，按照双方合同约定的行程安排旅游者游览。旅游报价属于市场调节价格，不属于政府定价范围，当事双方签订合同时对旅游价格已经有明确约定，旅游者应当按照合同约定的旅游报价向旅行社支付旅游费，旅行社不承担退还部分旅游费责任。

5. 面对危机，旅行社将游客硬卧调为软卧

2013年8月，敦煌北方旅行社接待了上海春秋旅行社组织的甘肃、新疆旅游团。接团之前，根据客户的需求，敦煌北方旅行社预订了8月29日柳园到吐鲁番的硬卧火车票，提前与铁路方面做了书面确认。但是在团队出发前一天，敦煌北方旅行社接到车站通知，硬卧火车票非常紧张，暂无空余，而当时正是敦煌旅游的高峰期，柳园又是过路小站，很难在一时间内找到硬卧火车票。面对如此突发的紧急状况，敦煌北方旅行社马上决定将承诺给游客的硬卧火车票升级为软卧。这意味着旅行社接到这个团，不但没有挣钱，还要赔钱，可即便如此，敦煌北方旅行社还是本着"赔什么都不能赔了诚信"的原则做了这个决定。为了最大限度地降低负面影响，挽回客人对旅行社的信任，旅行社工作人员亲自到酒店给客人做了解释，并给客人赠送了有敦煌特色的饭菜和酒水。最终，北方旅行社诚信、周到的服务博得了此次参团客人的一致认可。敦煌北方旅行社本着认真热情的服务态度和诚实守信的经营理念，让游客高兴而来、满意而归。

6. 计调安排有误，导游擅自变更行程

南京某旅行社计调小李，接受沈阳某旅行社的委托，安排一辽宁旅游团队的华东五市双飞六日游行程。小李委派本社导游小孙接待团队，在游览过程中，由于南京总统府正在

装修，暂时不对外开放。导游小孙向小李汇报了情况，小李让小孙调整景点，小孙在和游客协商后，征得游客的同意，将行程中的总统府改为乘船游览秦淮河，并向每位游客收取了40元费用。游客回到沈阳后，向组团社投诉，导游小孙擅自改变行程，要求旅行社赔偿损失。

分析：此次事故的主要责任在于南京地接社计调小李。第一，计调在设计行程时应该考虑游客在游览过程中有可能发生的情况，并对这些问题的处理做好充分的准备。第二，在行程中注明遇到不可抗力的情况及旅行社免责的情况。南京总统府的装修属于政府行为，是旅行社不可控因素造成的。第三，计调在设计行程时，应对本地的景区、景点的经营情况有充分的了解，对于因各种原因不能参观的项目，要在行程中进行调整，并及时通知组团社，合理设计行程。第四，小李在叮嘱导游小孙调整行程时，不仅要征得游客的同意，重要的是提醒导游要请全陪及全体游客签字确认，这样就可以避免投诉事件的发生，减少旅行社的损失。

综合实训

1. 旅行社想开发本地一条新的线路，作为地接计调，你如何完成这项工作？
2. 有客人想通过旅行社预订本地酒店，作为计调如何完成这次单项预订工作？
3. 参考以下行程完成课后任务。

阿尔山森林公园、呼伦贝尔双草原四日游			
Day1	沈阳—阿尔山市	餐食：无	住宿：火车上
沈阳乘火车赴阿尔山。参考车次：K7565次（21：10—08：35）。 沈阳始发途径铁岭/四平			
Day2	阿尔山市—阿尔山森林公园—阿尔山市	餐食：中、晚	住宿：阿尔山市
早上集合后赴亚洲最大的火山地质博物馆——阿尔山国家森林公园5A（不含环保车费用105元/人），沿途欣赏大兴安岭的崇山峻岭和哈拉哈河的水岸景点风光。 阿尔山天池——景区最知名，阿尔山天池是火山喷发后火山口积水形成的火山口湖，海拔1 332.3米，既无河流注入，也无河流流出，终年水位不变，其神奇国内罕见。航拍中的天池如水滴型宝石嵌在山顶，十分震撼。 三潭峡——潺潺流水和叠峦耸翠的山峰不断缠绵，白桦林中一步一景，十分精致。如果说天池领略壮美，那三潭峡就是看秀美的好地方。峡谷全长约3千米，南壁是陡峭险峻的山峰，北壁是巨大火山玄武岩熔岩台地，火山岩石布满河谷，湍急的哈拉哈河水从谷中穿过，珠飞玉卷，蔚为壮观。 午餐在景区内品尝养生特色餐——林俗宴。 石塘林是大兴安岭奇景之一，是国内少见的奇特景观。为第四纪火山喷发的地质遗迹，是由火山喷发后岩浆流淌凝成的。 杜鹃湖是最浪漫的火山口高位湖泊，是火山喷发期由于熔岩壅塞河谷切断河流后形成的堰塞湖，每年五月野生杜鹃花簇拥湖泊，等到夕阳时分，水鸟成群，水天一色的浪漫风景让人轻松卸去一天的旅途疲乏。之后乘车返回阿尔山市			

续表

Day3	诺干湖草原—七仙湖草花—阿尔山市	餐食：早、中、晚	住宿：火车上

早餐后乘车前往诺干湖草原部落4A，蒙语意为绿色的湖泊，湖水面积18 km^2，像一颗晶莹硕大的明珠，镶嵌在美丽的呼伦贝尔大草原上，让您感受它的博大与壮美。抵达草原后热情好客的蒙古族姑娘献上草原独特的蒙古族迎宾仪式——下马酒，客人们一定要喝完满杯的酒表示入乡随俗的豪放情怀。参加草原上最传统的祭祀活动——祭敖包，祭祀蒙古族心中最神圣的敖包，了解敖包起源、敖包文化。湖边散步、撒欢、嬉戏打闹，自由自在地进行风光摄影（游览时间约1小时）。

前往七仙湖草原部落，沿途依然是绿色的海洋，透过车窗两侧您可以领略到绿色天边，牛羊成群，匠心传奇的呼伦贝尔大草原。

午餐：品尝纯正的蒙古族风味餐手把肉。

领略完美草原之旅的壮美豪情，再去瞻仰壮美又严肃的国门风光。阿尔山松贝尔口岸（外观，进景区40元/人自理，如遇政策性关闭则换成玫瑰峰，游览时间约20分钟），是我国第三大陆路口岸，国境对面是蒙古国的东方省乔巴山市，远眺国门哨所（中蒙哨所为2014年习主席接见过的红一连驻守的边防哨所），赏中蒙界河努木尔根九曲回环。

乘车返回阿尔山市，途经花海乐土观景台，花开季节停车驻足，非花季节则不把时间花费在无花之地。到五里泉栈道湿地花园饮"天下第一奇特大泉"——五里泉泉水（请自备矿泉水瓶，游览约20分钟），刘亦菲为其代言，2010上海世博会联合国馆指定饮用水。五里泉水为优质矿泉水，泉水无色无味、清澈透明、清凉爽口、沁人心脾，水温为6.3 ℃~6.8 ℃，常年不变。水位不受季节变化的影响，日流量1054吨。水中含有13种人体必需的微量元素，有良好的医疗效果和保健作用。

阿尔山日伪火车站，拍照留念（游览时间约10分钟），它是一幢东洋风格的低檐尖顶日式建筑，如今是内蒙古的重点文物，这可能是中国小火车站中最漂亮的一个了，有点像瑞士的小站。

晚餐自理。

温馨提示：

1. 阿尔山—沈阳火车上几乎不提供盒饭，只提供碗面、火腿、八宝粥等，提前准备沿途所需食品！
2. 火车硬卧，具体铺位以实际出票为准，不做任何车次和铺位的承诺！！！上车请听从工作人员安排。

参考车次：阿尔山—沈阳（K7566次18：21—05：39）

Day4	沈阳	无	无

早上抵达沈阳结束愉快的内蒙古之行

费用包含	1. 交通：沈阳—阿尔山—沈阳往返火车硬卧。 2. 住宿：双人标准间（独立卫浴，如产生单房差请自理）。 3. 门票：详见行程。 4. 用餐：1早2正1特色（酒店含早餐、正餐，10人一桌，八菜一汤，不含酒水）。 5. 用车：当地空调旅游车（如5人以下则为独立小车，司机兼职服务人员，无导游）
费用不含	1. 强烈建议客人购买旅游意外伤害险。 2. 单房差（如产生单房差请自理）。 3. 门票：行程中注明需要另行支付的自费景点（详情参考活动推荐）。 补充：因交通延阻、罢工、天气、飞机机器故障、航班取消或更改时间等不可抗力原因所引致的额外费用，酒店内洗衣、理发、电话、传真、收费电视、饮品、烟酒等个人消费，当地参加的自费以及以上"费用包含"中不包含的其他项目

续表

温馨提示	请每一位尊贵的游客一定带上自己最好的相机或DV，记录那最美的心动时刻，以免留下遗憾！ 1. 请在旅程中听从导游的统一安排，遵守时间，统一行动，请不要擅自离团行动，不要进入旅游禁区。 2. 在游览过程中请注意人身和财产安全，贵重物品请不要留在房间内、旅行车上，一定要随身携带，也可寄存在酒店保险箱内。 3. 呼伦贝尔地区属于边疆少数民族地区，民风淳朴，餐饮习惯极具特色。献哈达是蒙古族牧民迎接客人和日常交往中所使用的礼节，在迎宾仪式上蒙古人会双手捧哈达、银碗为客人敬酒，即使不会饮酒，也要接过银碗沾沾唇，再将酒杯还给蒙古人，以示对主人的尊重，少数民族有爱畜、敬茶、敬酒、献哈达等礼俗，请留意导游的解说。 4. 夏季草原旅游，请自备一些防蚊、防晒用品及常用药品，早晚温差变化大。最好携带春、夏装，最好穿长裤，不要穿凉鞋。 5. 在夏季由于草原的昼夜温差较大且降雨量集中（多集中在7、8、9月），夏季夜间或下雨时比较凉爽，请带上长袖外套，以免着凉，以防蚊虫叮咬，和刺草划伤，还要带一把雨伞、太阳镜及防晒用品。 6. 呼伦贝尔属于高纬度地区，紫外线很强，请携带防晒用品，以防皮肤有所不适。 7. 呼伦贝尔地区草原景点很少，有开水或茶水提供，主要提供奶茶等茶饮，如不习惯敬请自备饮料，草原景点餐饮即使是青菜也有"羊肉"所特有的味道。 8. 购物时请您认清物品的品质、价值，自愿购买，呼伦贝尔地区没有任何固定的折扣购物场所，对旅行社和导游没有任何形式的回扣和返点；在购买旅游纪念品（如蒙古刀、俄罗斯枪式打火机等）时请考虑是否受所乘交通工具的限制，以免无法带走造成不必要的浪费。 9. 呼伦贝尔旅游资源主要以休闲类型为主，各景区间距离相对较远，请调整旅游心态，放松心情休闲游览。 10. 呼伦贝尔属于自然生态旅游区，受下雨等天气影响较为严重，存在景点无法游览的可能性，我社会积极予以协调，所发生的费用由客人自己承担
报名须知	交通： （1）合同一经签订付全款，团队机票、列车票、船票即为出票，不得更改、签转、退票。 （2）火车时间、车程时间以当时实际所用时间为准。 （3）本产品如因淡季客源数量较少，有可能与相近方向的发班线路拼车出游，届时请游客见谅。 住宿： 按2人入住1间房核算，如出现单男单女，尽量安排三人同住一间房或同性别拼房，如不能拼住需补单房差。 游览： （1）景点游览、自由活动、购物店停留的时间以当天实际游览为准。 （2）行程中需自理门票和当地导游推荐项目，请自愿选择参加。 （3）请您仔细阅读本行程，根据自身条件选择适合自己的旅游线路，出游过程中，如因身体健康等自身原因放弃部分行程的，或游客要求放弃部分住宿、交通的，均视为自愿放弃，已发生费用不予退还，放弃行程期间的人身安全由旅游者自行负责。 （4）团队游览中不允许擅自离团（自由活动除外），中途离团视同游客违约，按照合同总金额的20%赔付旅行社，由此造成未参加行程内景点、用餐、房、车等费用不退，旅行社也不承担游客离团时发生意外的责任。 （5）如遇台风、暴雪等不可抗力因素导致无法按约定行程游览，行程变更后增加或减少的费用按旅行社团队操作实际发生的费用结算。 （6）出游过程中，如产生退费情况，以退费项目旅行社折扣价为依据，均不以挂牌价为准。 购物： 当地购物时请慎重考虑，把握好质量与价格，务必索要发票。

续表

	差价说明： （1）如遇国家政策性调整门票、交通价格等，按调整后的实际价格结算。 （2）赠送项目因航班、天气等不可抗因素导致不能赠送的，费用不退。 （3）如遇区域性促销活动，产生不同预订城市价格差异，差价不予退还。 （4）景点门票为旅行社折扣价，如持优待证件（如老年证、军官证、教师证等）产生折扣退费的，按实际差额退还。 出团通知： 出团通知最晚于出团前1天发送，若能提前确定，我们将会第一时间通知您。 意见反馈： 请配合导游如实填写当地的意见单，不填或虚填者归来后投诉将无法受理。 活动说明： *如您被法院列入全国失信被执行人名单，您可能无法正常出游，您可于报名前自行核实，避免不必要的损失。 预订须知： 滑雪项目含有一定的危险性，请自量身体状况，不要勉强，安全游玩。 2岁以下儿童及65岁以上老人不接受预订
报名须知	·病患者、孕妇及行动不便者 为了确保旅游顺利出行，防止旅途中发生人身意外伤害事故，请旅游者在出行前做一次必要的身体检查，如存在下列情况，因服务能力所限无法接待： （1）心血管疾病患者，如严重高血压、心功能不全、心肌缺氧、心肌梗死等病人； （2）脑血管疾病患者，如脑栓塞、脑出血、脑肿瘤等病人； （3）呼吸系统疾病患者，如肺气肿、肺心病等病人； （4）精神病患者，如癫痫及各种精神病人； （5）严重贫血病患者，如血红蛋白量水平在50克/升以下的病人； （6）大中型手术的恢复期病患者； （8）孕妇及行动不便者。 ·老年人 因服务能力所限，无法接待70周岁以上的旅游者报名出游，敬请谅解。 ·未成年人 1.未满18周岁的旅游者请由家属（因服务能力所限无法接待及限制接待的人除外）陪同参团。 2.因服务能力所限，无法接待18周岁以下旅游者单独报名出游，敬请谅解。 违约责任提示： 旅游者在出发前提出解除合同的，应当按下列标准承担退团损失： 出发前14日及14日以上（按出发日减去解除合同通知到达日的自然日之差计算，下同），按费用总额5%； 出发前13日至7日，按费用总额30%； 出发前6日至4日，按费用总额50%； 出发前3日至1日，按费用总额60%； 出发当日，按费用总额80%。 外籍友人：本产品网上报价适用持有大陆居民身份证的游客。如您持有其他国家或地区的护照，请在预订过程中注明

地接计调操作文件
模板

知识结构图

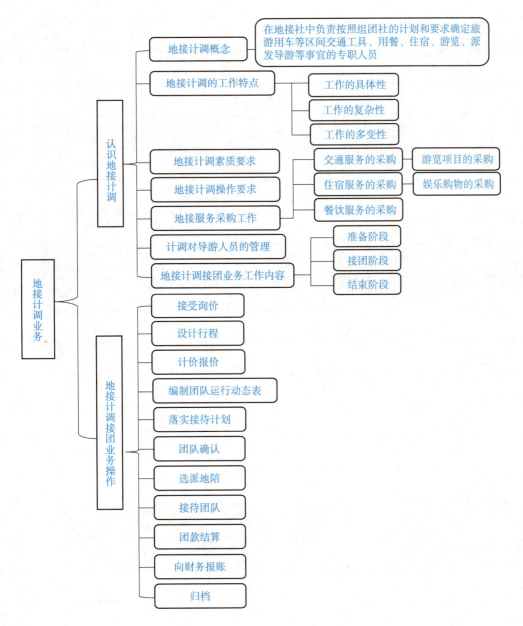

笔记：

出境游计调业务

项目介绍

出境游计调业务与国内组团计调业务的操作方法类似,但由于涉及出境,因此在操作上又复杂了许多。本项目主要通过介绍出境游计调操作的基本内容和流程,护照和签证的相关知识,使大家对出境游计调业务有一个基本的了解。

知识目标

(1) 熟悉出境游计调的基本概念;
(2) 出境游计调操作的基本内容;
(3) 掌握出境游计调操作的流程。

技能目标

(1) 能够掌握签证办理的程序和相关手续要求;
(2) 能够掌握行前说明会的基本要求;
(3) 能够按照流程完成团队出境游业务的操作;
(4) 能够掌握出境游合同签订的要求。

价值目标

(1) 以某一条出境线路为例,培养学生基本的出境游业务操作素质;
(2) 使学生了解出境游操作的基本规范和原则,为学生从事出境游计调业务奠定基础。

项目导读

持续增长的出境游

国家旅游局数据中心发布的《2018年中国旅游业统计公报》显示，2018年我国公民出境旅游人数为14 972万人次，比上年同期增长14.7%。中国出境旅游热进一步升温，稳居世界出境旅游的第一位。在过去的十年中，中国出境市场持续保持两位数，甚至20%以上的增长，成为全球最大的出境旅游客源国和旅游消费支出国。出境旅游已经从少数人的享受进入了大众的日常生活。2018年我国出境旅游进入了"消费升级"的阶段，旅游者愿意为更优质的旅游产品买单，从观光旅游转向深度体验享受海外目的地生活环境和服务。中国旅游研究院预计2018年中国游客的境外消费将达1 200亿美元，人均单次境外旅游消费将达到约800美元（约5 400元人民币），旅游业不仅正在成为拉动中国经济增长不可忽视的重要力量，也为全球经济增长注入了新的活力。携程出境游数据显示，2018年通过携程旅游平台报名出境跟团游、自由行、定制游的人均花费为5 500元。随着中国经济的发展和人民生活水平的提高，未来出境游将持续增长。

任务一　认识出境游计调

任务清单

任务名称	认识出境游计调
任务描述	全面了解出境游计调的工作内容和所需知识能力，包括护照、签证知识、护照、签证办理的程序和相关材料、国际航班的相关知识、出境游计调的主要工作内容等
任务目标	出境游计调、护照、签证办理程序、出境游计调主要工作内容
任务要求	对出境游计调岗位有初步的了解，初步掌握出境游计调岗位的主要工作和能力知识要求
任务思考	（1）出境游计调概念。 （2）签证办理程序。 （3）出境游计调主要工作内容
任务实施	小组 1 讨论： （1）出境游计调概念。 （2）出境游计调能力要求。 小组 2 讨论： （1）护照、签证概念。 （2）签证办理程序。 小组 3 讨论： （1）出境领队概念。 （2）出境领队职责
任务总结	通过完成上述任务，你获得了哪些知识或技能
实施人员	
任务点评	

一、出境游计调概述

1. 出境游计调概念

出境游计调又称出境计调、出境 OP（Operator）。简单来说，出境游计调就是通过各种途径，把游客送抵旅游目的地国家或地区的旅游业务操作者。

2. 出境游计调与国内游计调的不同

随着我国经济的飞速发展，人民的生活水平不断提高，越来越多的人选择出境旅游。出境旅游是指由国家旅游局审批由特许经营的旅行社来经办，旅游者前往旅游目的地国家（地区）的旅行和游览活动。

出境游的作业流程，与国内组团的作业流程差不多，但出境游作业由于多了签证、送关、行前说明会等，操作要比国内复杂，同时，由于语言、文化、政策的不同，对计调的要求更高。

从业建议

出境游多少人以上可以单独成团？

作为出境游计调，首先，要清楚游客要去的旅游目的地国家和地区，根据团队人数、出团时间、旅游行程、其他要求等向客人报价；其次，要根据游客要去的国家或地区的要求，通知游客准备相关材料，并且根据签证的时间长短，通知游客具体出团时间。

3. 出境游计调能力要求

由于出境游计调操作的特殊性和复杂性，因此从事出境游计调工作的，必须要掌握护照、填卡、签证、国情、汇率的相关知识，同时，应在语言上做好准备。

（1）了解旅游目的地国家和地区的法律法规与相关政策。大部分目的地国家和地区的法律法规与我国有很多不同，作为出境游计调应该了解所操作国家和地区的法律法规，以及相关规定。

（2）要分清护照的种类，哪些是商务的，哪些是旅游护照，哪些是港澳台通行证。尤其注意证照一定要相符，护照有效期一定要在半年以上。

（3）要学会填卡填表，清楚常用出入境表格的样式和用途，以及表格上一些常用英文的中文意思等，以免出错造成不必要的麻烦。

（4）要熟悉签证办理的程序和要求。由于各国的签证期、签证手续、签证方式与收费标准不同，因此，作为出境游计调必须熟练掌握所负责的国家或地区的签证要求和程序。如实行落地签的国家和地区，游客不需要在国内进行签证、审批，只要持有效护照购买机票，下飞机后在机场海关填表、盖章入境即可。

（5）要了解旅游目的地国家的宗教信仰和风俗习惯。由于每个国家和地区都有自己独特的民俗和信仰，出境游计调要充分了解当地习惯和风俗，对于团队操作具有重要的意义。

（6）要关注人民币和主要国家汇率的变化，包括关注旅游目的地国家使用的币种及人民币的流通情况。什么是汇率，简单来说，就是

从业建议

计调因游客违反目的地国家的规定而造成的损失

人民币与美元或其他国家（或地区）主要流通货币之间不断变化而产生的利率。利率变化导致的差额有时是巨大的。

（7）掌握国际航班的知识和相关规定。对于出境游计调，如何选择航班、选择航线是线路策划和设计时要考虑的因素，航班选择合理将大幅度降低产品价格，增加旅行社利润，提高旅行社产品的竞争力。

【案例分享】

游客泰国旅游被驱逐出境

案例描述	某国际旅行社组织了一个去泰国的旅游团，在出境前旅行社未对游客讲解泰国有关风俗和禁忌，一位游客参与了街头的扑克赌博，结果被当地警方处以重罚，并驱逐出境。游客认为是旅行社没有讲清楚，要求赔偿
启示	此案例说明了旅行社和领队在出境前的提醒与忠告的重要性。人常说"入乡随俗，入国问禁"，导游作为旅行社的代表，有责任有义务对旅游地的法规、风俗和禁忌进行讲解，遇到要点一定要反复强调，必要时也可以适当引用典型事例以起到警示的作用。因为这不仅关系到责任问题，而且一旦出了问题，对整个旅游团和整个旅游活动都会产生很大的负面影响

二、出境游计调知识储备

（一）护照

1. 护照的概念

中华人民共和国护照是中华人民共和国公民出入国境和在国外证明国籍和身份的证件。中华人民共和国护照可分为外交护照、公务护照、普通护照和特区护照。公务护照又分为公务护照和公务普通护照。特区护照分为香港特别行政区护照和澳门特别行政区护照。外交护照、公务护照和公务普通护照统称为"因公护照"，普通护照俗称"因私护照"。

外交护照和公务护照有效期最长不超过 5 年，普通护照有效期最长不超过 10 年，期满后换发新照。

2. 公民申请普通护照应当提交的材料

公民申请普通护照，应当由本人向其户籍所在地县级以上地方人民政府公安机关出入境管理机构提出，并提交下列真实有效的材料：

（1）近期免冠照片一张及填写完整的《中国公民因私出国（境）申请表》；

（2）居民身份证和户口簿及复印件；在居民身份证领取、换领、补领期间，可以提交临时居民身份证和户口簿及复印件；

（3）未满十六周岁的公民，应当由其监护人陪同，并提交其监护人出具的同意出境的意见、监护人的居民身份证或者户口簿、护照及复印件；

（4）国家工作人员应当按照有关规定，提交本人所属工作单位或者上级主管单位按照人事管理权限审批后出具的同意出境的证明；

（5）省级地方人民政府公安机关出入境管理机构报经公安部出入境管理机构批准，要求提交的其他材料。

现役军人申请普通护照，按照管理权限履行报批手续后，由本人向所属部队驻地县级以上地方人民政府公安机关出入境管理机构提出。

（二）签证

1. 签证概念

签证（Visa）是一国政府机关依照本国法律规定为申请入出或通过本国的外国人颁发的一种许可证明。

根据国际法原则，任何一个主权国家，有权自主决定是否允许外国人入出其国家，有权依照本国法律颁发签证、拒发签证或者对已经签发的签证宣布吊销。

签证通常是附载于申请人所持的护照或其他国际旅行证件上。在特殊情况下，凭有效护照或其他国际旅行证件可做在另外一张纸上。随着科技的进步，有些国家已经开始签发电子签证和生物签证，大大增强了签证的防伪功能。

2. 签证类别

世界各国的签证一般分为入境签证和过境签证两个类别，有的国家还有出境签证。中国的签证分为入境签证和过境签证两个类别。

（1）入境签证。入境签证是准予持证人在规定的期限内，由对外开放或指定的口岸进入该国国境的签证。中国入境签证自颁发之日起生效，有的国家另行明示入境签证生效日期。

（2）过境签证。过境签证是准予持证人在规定的期限内，由对外开放或指定的口岸经过该国国境前往第三国的签证。要取得过境签证，须事先获取目的地国家的有效入境签证或许可证明（免签国家除外）。按国际惯例，有联程机票，在24小时之内不出机场直接过境人员一般免办签证，但部分国家仍要求过境本国的外国人办理过境签证。

（3）出境签证。出境签证是准予持证人经对外开放或指定的口岸离开该国国境的签证。有些国家不限出境口岸。其包括中国在内的很多国家已取消出境签证，外国人在签证准予停留的期限内或居留证件有效期内凭有效证件出境。

（4）其他类别。有的国家还设立有入出境签证、出入境签证和再入境签证等类别。中国现行签证中无这些类别。

口岸签证，是指一国签证机关依法在本国入境口岸向已抵达的外国人颁发的签证，以便当事人及时入境处理紧急事务。实行口岸签证的国家都规定有申办口岸签证的条件和程序。有一些国家把口岸签证称为落地签证，办理落地签证手续相对简单。

3. 签证种类

各国签证的种类多又不尽相同。根据持照人身份、所持护照种类和访问事由不同，一般将签证分为外交签证、礼遇签证、公务（官员）签证和普通签证四种。有的国家根据来访者的事由将签证分为旅游、访问、工作、学习、定居等类别。现在分别介绍如下：

（1）外交签证。外交签证（Diplomatic Visa）是一国政府主管机关依法为进入或经过该国国境应当给予外交特权和豁免的人员所颁发的签证。外交签证一般发给持外交护照人员。签证颁发国依据本国法规和国际惯例，给予持证人相当的方便、优遇、特权和豁免。

（2）公务签证。公务签证（Service Visa）是一国政府主管机关依法为进入或经过该国国境应当给予公务人员待遇的人士所颁发的签证。有的国家将该种签证称为官员签证（Official Visa）。公务签证一般发给持公务护照人员。

（3）官员签证。官员签证（Official Visa）是公务签证的一种，是指一些国家向持有官员护照的申请人颁发的符合其官员身份的签证，其效力同公务签证。颁发官员护照的国家一般实行相应的官员签证制度。中国没有官员签证制度。中国签证机关通常为来华执行公务的持官员护照的外宾颁发公务签证。

（4）礼遇签证。礼遇签证（Courtesy Visa）是一些国家政府主管机关依法为进入或经过该国国境可给予相应礼遇的人员所颁发的签证。这些人一般是身份高但又未持有外交护照的人员或已卸任的外国党政军高级官员及知名人士。签证颁发国根据本国法规和国际惯例，给予持证人应有的尊重和礼遇。

（5）普通签证。普通签证（Visa）是一国政府主管机关依法为因私人事务进入或过境该国的人员颁发的一种签证。普通签证一般发给持普通（因私）护照或其他有效国际旅行证件的人员。

4. 签证形式

签证在其发展过程中有不同的形式和称谓。如签注式签证、章式签证、贴纸式签证，还有机读签证、个人签证、团体签证等。

（1）签注式签证。签注式签证是指在有效护照上做简单的文字签注，注明准予持证人入出境的具体要求。早期的签证多采取此种形式。

（2）印章式签证。印章式签证是指将签证的固定格式刻在印章上，在做签证时，将印章盖在申请人护照或其他旅行证件的签证页上，并填写必要的内容，全部过程由手工操作。随着技术的进步，改用签证机代替，或用电脑按固定格式将签证的内容打印在护照上。

（3）贴纸签证。贴纸签证是将签证的内容按照固定的格式做在签证专用纸上，用不干胶将打印完成的签证贴在申请人的护照上。贴纸签证通常是用计算机打印制作。美国的贴纸签证还将申请人的照片扫描在签证纸上。加拿大的贴纸签证上无申请人的照片，但附有防伪标记，并用塑封技术将此部分塑封。

（4）另纸签证。另纸签证是指做在与护照或其他国际旅行证件分离的单页纸上的签证，是签证的一种特殊形式，必须与申请人所持的护照或其他国际旅行证件同时使用。另纸签证颁发的对象，不同国家有不同的规定。

（5）机读签证。机读签证（Machine Readable Visas，MRV）是指适用于机器阅读的签证。

国际民航组织机读旅行证件咨询部在机读护照技术的基础上开发了一种用机器阅读和识别签证的技术。这种技术大大简化了国际旅行手续，缩短了通关时间。

（6）电子签证。一些国家还利用计算机网络和磁卡技术开发出"电子签证"或称"隐形签证"。只需要在网上申请即可，方便而且通过率较高。目前，可以办理电子签证的国家有9个，即澳大利亚、韩国、新加坡、阿联酋、斯里兰卡（同时也可落地签）、土耳其、卡塔尔、塞内加尔和几内亚比绍。

（7）个人签证与团体签证。个人签证是指做在每个申请人的护照或其他国际旅行证件上的签证；团体签证是指做在一个团体名单上的签证。持用同一团体签证的人员必须随团一同入出境。

（8）免签。免签即从一个国家或者地区到另外一个国家或者地区不需要申请签证。互免签证通常是双边的，双方持用有效的护照可自由出入对方国境。

（9）落地签。落地签是指申请人不直接从所在国家取得前往其他国家的签证，而是持护照和该国有关机关发给的入境许可证明等抵达该国口岸后，再签发签证，落地签证通常是单边的。

5. 办理签证的程序

办理外国签证，无论是中国人办理外国签证，还是外国人办理其他国家签证，无论是委托代办，还是自己直接办理，一般需要经过下列几个程序：

（1）递交有效的护照。

（2）递交与申请事由相关的各种证件，如有关自己出生、婚姻状况、学历、工作经历等的证明。

（3）填写并递交签证申请表格。签证不同，表格也不同，多数要用外文填写，同时提供本人照片。

（4）前往国驻该国大使馆或领事馆官员会见。有的国家规定，凡移民申请者必须面谈后，才能决定；也有的国家规定，申请非移民签证也必须面谈。

（5）大使馆或者领事馆。将填妥的各种签证申请表格和必要的证明材料，呈报国内主管部门审查批准。有少数国家的使领馆有权直接发给签证，但仍须转报国内备案。

（6）前往国家的主管部门进行必要的审核后，将审批意见通知驻该国使领馆。如果同意，即发给签证；如果拒绝，也会通知申请者（对于拒签，使领馆方面也是不退签证费的）。

（7）缴纳签证费用。一般来说，递交签证申请的时候就要先缴纳费用，也有个别国家是签证申请成功的时候才收取费用。一般来说，移民签证费用略高，非移民签证费用略低。也有些国家和地区的签证是免费的。

知识链接

ADS 签证和申根签证

【案例分析】

签证签错导致游客入境吉隆坡遭拒谁的错？

案例描述	游客王某一家三口准备前往马来西亚探亲，委托 A 旅行社办理签证，向 A 旅行社缴纳了签证费用，并将护照等相关材料交给 A 旅行社。但当王某三人持着 A 旅行社为其办好签证的护照飞抵马来西亚吉隆坡后，在吉隆坡海关遭拒入境，由于语言不通，导致沟通不畅，王某等人被带到移民局，分男女关押。第二天，王某三人被遣送回国。回国后王某向省旅游质量监督管理所投诉，诉称 A 旅行社未能按照要求办好探亲签证，却办成旅游签证，由于其探亲申请与护照上内容不符，被怀疑有移民倾向，遭到马来西亚拒绝入境，导致无法实现探亲目的，要求 A 旅行社承担过错责任，赔偿其往返机票费损失和在马来西亚被扣押的人格、精神损失，并要求 A 旅行社重新办好签证以便赴马来西亚探亲。但 A 旅行社辩称王某等人并没有声明是办探亲签证，旅行社是按照常规进行签证办理。 你认为 A 旅行社有过错吗？在实际操作中应该如何避免出现案例中的争议？
你的答案	

规范操作

赴美国旅游签证所需材料、步骤及模板

规范操作

赴日本旅游签证办理及《赴日签证申请表》模板

规范操作

赴韩国旅游签证办理及《韩国签证申请表》模板

三、大陆居民赴台湾旅游所需材料与申请步骤

（一）自由行

大陆居民赴台湾旅游需要两证一签，即《大陆居民往来台湾通行证》《中华民国台湾地区入出境许可证》、台湾个人旅游签注（G 签）。

1. 自由行开放城市

北京、上海、厦门、天津、重庆、南京、广州、杭州、成都、济南、西安、福州、深圳、沈阳、郑州、武汉、苏州、宁波、青岛、石家庄、长春、合肥、长沙、南宁、昆明、泉州、哈尔滨、太原、南昌、贵阳、大连、无锡、温州、中山、烟台、漳州、海口、呼和浩特、兰州、银川、常州、舟山、惠州、威海、龙岩、桂林、徐州共 47 个城市。

2. 申请《大陆居民往来台湾通行证》（简称通行证）

（1）符合要求的申请表。

（2）符合《出入境证件相片照相指引》的申请人照片。

（3）申请人居民身份证原件。不满 16 周岁未办理居民身份证的可交验居民户口簿，现役的人民解放军军人、人民武装警察交验军人身份证明（军官证、士兵证或者警官证）。

（4）登记备案的国家工作人员、军人，应当提交本人所属单位或者上级主管单位按照干部管理权限出具的同意其办理出入境证件的函件，但持"赴台批件"申请赴台的除外。

（5）未满 16 周岁的申请人，还应交验监护关系证明（出生证明、户口簿等），交验监护人居民身份证原件；监护人委托他人陪同的，还须提交监护人委托书，交验被委托人的居民身份证原件。

3. 申请签注材料

同时申请往来台湾通行证和签注的，无须重复提交相关材料。

（1）符合要求的申请表；

（2）有效往来台湾通行证（同时申请往来台湾通行证和签注的除外）；

（3）与申请事由相关的证明材料；

（4）在非常住户口所在地申请前往台湾签注的，还须按照国家移民管理局有关规定，提交符合在非常住户口所在地申请条件的证明材料，但按规定向指定受理机构申请的情形除外；

（5）登记备案的国家工作人员、军人，应当提交本人所属单位或者上级主管单位按照干部管理权限出具的同意其办理出入境证件的函件，但持"赴台批件"申请赴台的除外；

（6）委托他人代为申请的，委托人应出具委托书，被委托人须交验本人居民身份证等身份证明原件；由单位代办的，应当提交单位公函，交验代办人居民身份证等身份证明原件。

上述与申请事由相关的证明材料是指以下材料：

（1）赴台个人旅游、团队旅游的，免交与申请事由相应的证明材料；大陆居民赴台旅游组团社领队申请赴台团队旅游多次签注的，应当提交所在组团社出具的公函，交验赴台旅游领队证原件。

（2）赴台探亲的，交验相应事由的入台许可证明原件。

（3）赴台定居的，交验相应事由的入台许可证明原件。大陆居民自行取得台湾居民身份后返回注销大陆户籍并申请赴台湾证件的，须交验台湾地区居民身份证原件和台湾地区户籍誊本。大陆居民与台湾居民在大陆所生子女申请赴台湾定居，在大陆未办理户籍登记的，还须交验本人《出生医学证明》，父母双方中作为大陆居民一方的居民身份证。

（4）应邀赴台的，提交国务院台办或经授权的省、自治区、直辖市台办"赴台批件"原件，或经受理地省、自治区、直辖市台办盖章确认的复印件。

（5）赴台进行商务活动的，提交国务院台办或经授权的省、自治区、直辖市台办"赴台立项批复"原件，或经受理地省、自治区、直辖市台办确认的复印件。

（6）赴台学习的，提交开放赴台就学省份的设区市以上台办出具的赴台学习证明。

（7）执行两岸直航航运任务的，提交国务院台办或经授权的省、自治区、直辖市台办的"赴台批件"原件，或经省、自治区、直辖市台办确认的复印件。

（8）赴台从事近海渔船船员劳务作业的，提交对台近海渔船船员劳务合作企业出具的函件原件。

（9）赴台就医、奔丧、处理财产、诉讼等私人事务的，交验相应事由的入台许可证明原件。

大陆居民往来台湾通行证和签注签发流程如图 4-1 所示。

规范操作
大陆居民往来台湾通行证申请表

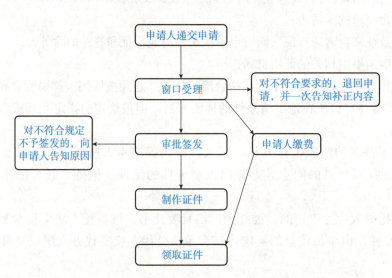

图 4-1　大陆居民往来台湾通行证和签注签发流程

4. 办理台证

申请入台证，需要符合开放城市、拥有户籍、年龄等条件，除学生外，还需要提供财力证明（前往银行柜台办理）。自由行入台证有效期是自发证之日起三个月。只要是入台证有效期之内，都可以入境，即使是剩下最后一天，依旧可以入境与停留15天。办理时间一般为7~10天，目前只能通过旅行社办理。

（1）《大陆居民往来台湾通行证》：六个月以上有效期的往来台湾通行证、含有台湾旅游签注（G签）；

（2）自由行申请表格：《赴台个人游申请表》《赴台个人旅游行程表》《紧急联系人登记表》《随同亲属名册》；

（3）申请人身份证明：身份证正反面复印件、户口簿整本复印件（从第一页到空白页）、2寸白底彩色照片2张、紧急联系人身份证明、大陆紧急联络人身份证及整本户口簿复印件（须与出行者有亲属关系）；

（4）年满18周岁非在校学生需要提供财力证明（以下三选一）。

5万元人民币银行定期存款证明（需超过一个月），存款证明需注明冻结，冻结期在旅行回来日期后；银行出具的信用卡（必须是双币金卡）；年收入证明，年收入必须在12.5万元人民币以上，用带有公司抬头、单位名称、地址、电话的公司便签开具，加盖公司公章和经办人签名。

（5）年满18周岁在校学生（包括大学、职业学校也包括在职读研、在职读博等）需要提供目前就读学校的学生证或在校证明；如果年龄在18~20岁（不含20岁），需要父母或直系亲属同意书。

18周岁以下：不得单独申请台湾自由行个人游，须由直系亲属（只限父母）陪同前往；如户口簿能体现与同行的父母亲关系的，只需提供整本户口簿复印件；如户口簿不能体现与同行的父母亲关系的，则需提供出生证明复印件。

规范操作

赴台个人游申请表、个人旅游行程表、紧急联系人登记表、随同亲属名册

（二）跟团游

（1）参团游客须到国家旅游局指定赴台旅游组团社签订合同并缴纳全额团费。

（2）填写《大陆居民赴台湾地区旅游申请审批表》。

（3）准备资料。

1）全额团费发票原件及复印件一份。

2）有效身份证原件及复印件各一份（正反面复印在一张A4纸上）。

3）常住户口本原件及复印件各一份（户口本本人页A4纸复印件一份）。

4）2寸白底正面免冠彩照，须在公安局办证中心指定处照相（在照片背面签名）。

（4）《中华民国台湾地区入出境许可证》由旅行社代为办理。

1）填写申请书表格：申请书应详细填写，不得空白，如无数据，请填写"无"。

2）申请人的身份证复印件1份（正反面请复印在同一张A4纸上）。

3）2寸白底彩色照片2张。

4）大陆居民往来台湾通行证复印件1份。

5）不满十八周岁人员及学生：除提供上述材料，还需附上父母同意书及全家户口本复印件。

四、大陆居民赴港澳旅游所需材料与申请步骤

内地居民申请往来港澳通行证和签注（图4-2），应向本人常住户口所在地公安机关出入境管理部门提出申请。

（1）填写《中国公民出入境证件申请表》，提交符合《出入境证件相片照相指引》标准的申请人照片及采相回执。

（2）交验申请人居民身份证原件，申请人未满16周岁，也可交验居民户口簿；军人应交验军人身份证明。上述身份证件须留存复印件或电子扫描图片。

（3）按规定提交或者核验指纹信息。

（4）按公安部有关规定在非常住户口所在地申请往来港澳通行证的，还须提交符合在非常住户口所在地申请条件的证明。

（5）军人、登记备案的国家工作人员，应当提交本人所属单位或者上级主管单位按照人事管理权限审批后出具的同意办理出入境证件的函。

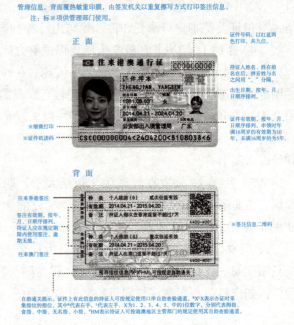

图4-2　往来港澳通行证

五、国际航班知识

1.航班客票类型

航班客票按旅客的年龄及航程航班的多少等情况，分为婴儿票、儿童票、联程客票、来回程客票、定期客票及不定期客票等。

（1）婴儿票：年龄未满两周岁的人称婴儿。婴儿按客票价10%购买的客票称为婴儿票。

（2）儿童票：年龄满两周岁但未满12周岁的人称儿童。儿童按客票价50%购买的客票称为儿童票。

（3）联程客票（中转联程客票）：是指始发地到目的地之间经另一个或几个机场中转，使用两个（及以上）不同航班号的航班抵达目的地的机票。例如，沈阳到美国纽约，可以

选择沈阳—韩国首尔—美国纽约的中转联程机票。

（4）来回程客票（往返客票）：是指旅客从始发站到到达站，再按原航程返回的客票。

（5）定期客票：是指由承运人或销售代理人填开给旅客的指定航班和乘机日期的客票。

（6）不定期客票：是指由承运人或销售代理人填开给旅客的未指定航班和乘机日期的客票。这种客票必须在使用前订妥座位，并应在规定的有效期内完成客票上列明的全部航程。

2. 座位预订

（1）OK 票：OK 飞机票即是已经定妥日期、航班和机座的飞机票，是指飞机票座位的情况，座位一般有很多种状态，HL 表示候补，OK 就表示订座。

（2）OPEN 票：OPEN 飞机票一般是不指定具体航班信息的飞机票，有半 OPEN 的，就是指定航空公司，不指定航班号，还有全 OPEN 的，就是航空公司、航班号都不指定。国际飞机票 OPEN 得较多，国内一般不允许 OPEN。往返票、回程不定日期，回程飞机票上标记为 OPEN 字样的飞机票。未订妥乘机日期的客票为 OPEN 飞机票，在机票上标记为 OPEN 字样。

OPEN 飞机票也是相对 OK 飞机票而言的。凡是飞机票上没有确定起飞具体时间，即没有预订妥座位的有效飞机票，都被称为 OPEN 飞机票。

3. 机票改期和签转

（1）机票改期。机票改期是指客人的行程不变，承运的航空公司不变的情况下的更改。更改分为同等舱位更改和升舱两种。同等舱位更改是指所更改的航班的航空公司和舱位都相同；升舱是指所更改的航空公司相同，但所改的舱位折扣高于原订舱位的折扣。一般情况下，同等舱位更改航空公司不收取手续费；升舱的航空公司都会要求补足差价。

（2）机票签转。机票签转是指不同航空公司之间签转。签转只适用于全价票的客人，折扣不可以签转。引签转的两个航空公司之间必须有协议，同意两个航空公司的客人进行签转；反之也是不可以签转的。

出境计调为旅游团购买的机票一般是团体票、优惠票或折扣票，因此，往往不能签转、不能改期、不能退票。

4. 国际机票价格构成

国际机票价格由票价和税金两大项构成。税金一般包括：机场建设费、燃油附加税，代各国政府收取的门户城市检疫税、过境税、出境税、入境税、人头税、安检税等，其中最为普遍的国际机票税有三种，即离境税（指离开某个国家时需要交纳的税金）、过境税（指一国海关对通过其关境再转到其他国家的人或物收的税）、入境税（指进入某个国家时需要交纳的税金）。不同的国家对国际机票税收的要求也是不同的，有些国家收的税比较多，有些国家收的少，在一些国家，有的城市有税，有的城市没有税，如日本的东京、大阪有离境税，而札幌则没有税。同时，各个航空公司的燃油附加税也不同，对于出境计调来说，选择一个价格低廉的国际机票有助于提升产品竞争力。

5. 航空公司代码和航班号

航班号由航空公司代码加 3 位数字组成，第一位数字表示航空公司，后两位是航班序号，单数为去程，双数为回程。如 CA982，由纽约飞往北京的航班，是由中国国际航空公司承运的回程航班。

6. 国际航班行李知识

游客出境旅游一般都会携带较多的行李，旅行社应该提前告知游客国际航班关于行李托运和随身携带行李的相关规定，避免因为行李超重、超标给游客带来的额外花费。托运行李的外包装是指行李箱、纸箱或旅行袋等，行李外包装要求完好，有锁扣。行李的装卸需要人工搬运，加上飞机起飞和落地会因为重力的原因产生压力，容易使行李箱本身造成破损，所以要求行李能承受一定的重量。另外，行李的外部最好有绳带捆扎牢固。

规范操作

国内外主要航空公司二字代码、国际航班关于行李的规定

六、出境游计调主要工作内容

1. 审核资料

计调完成产品设计后，要制订出团计划，将产品计划通过前台、外联等渠道进行销售，收取游客的资料，对资料进行审核。审核时要注意证件的时效性、证照是否相符、证照是否合格、资产证明、担保人情况，并加以提示说明。

2. 审核资料查看要求

游客在报名出游时，可能会有一些特殊或个人的要求。计调人员在审核游客报名材料时，要充分和销售人员进行沟通，要掌握游客的特殊要求，审查是否能够满足游客要求，对游客要求所产生的影响和后果进行充分的评估，不要盲目答应，避免给日后带来不必要的麻烦。

3. 选择航班

出境团基本都是选择飞机作为往返交通工具的，计调人员在选择国际航班时，要对机票价格、航班时间、航空公司进行综合比较。交通工具选择合理，团队运行顺利、成本具有优势，有利于旅行社产品的销售。

4. 团队操作

计调在出境游团队操作时要严格按照操作流程进行，所有的操作单都要进行备份，出现变化时要及时进行更正落实，避免因为疏忽带来的损失。

5. 跟踪团队

出境游计调要对团队进行全程跟踪，相比国内游，出境游由于团队在境外，一旦遇到问题，如果不能与境外地接社进行及时有效沟通往往会导致问题被扩大，影响整个团队的运行，导致旅行社遭受损失。因此，出境游计调要密切关注团队的运行状况。

6. 结账归档

出境游由于涉及汇率的变化，计调要做好团款结算的准备，提前和地接社约定好结算方式。团队在运行中如果有一些变动，或增减了项目，会涉及费用，团队运行完毕，计调要对全过程进行审核；给地接社拨全款前，要了解清楚，团队对地接质量有无异议，有无投诉,并根据游客的"意见反馈表",作为拨款的依据;最后做好结算单,报财务结账。对团队操作的资料进行整理归档。

七、出境领队管理

(一)出境领队的概念

出境旅游领队人员,是指依照《出境旅游领队人员管理办法》规定取得出境旅游领队证,接受具有出境旅游业务经营权的国际旅行社的委派,从事出境旅游领队业务的人员。

领队业务,是指为出境旅游团提供旅途全程陪同和有关服务;作为组团社的代表,协调境外接待旅行社完成旅游计划安排;以及协调处理旅游过程中相关事务等活动。

(二)出境领队的职责

(1)遵守《中国公民出国旅游管理办法》中的有关规定,维护旅游者的合法权益。

(2)协同接待社实施旅游行程计划,协助处理旅游行程中的突发事件、纠纷及其他问题。

(3)为旅游者提供旅游行程服务。

(4)自觉维护国家利益和民族尊严,并提醒旅游者抵制任何有损国家利益和民族尊严的言行。

(三)出境领队的作用

(1)领队是完成旅行社出境旅游团队运作的重要环节。

1)领队是出境旅游业务能否顺利进行的关键。

2)领队作为组团旅行社全权代表,肩负多项使命。领队身上寄托着组团旅行社的信任和期望;领队代表组团旅行社的利益,要督促境外旅行社和导游执行旅游计划;领队代表组团旅行社的利益,要保证组团社与游客签署的旅游合同有效实施。

(2)领队是游客在整个旅程中不可缺少的心理依赖。

1)出国在外领队是游客最主要的依靠。领队可以为游客提供熟悉异域环境、语言沟通等方面的帮助;领队能够维系游客之间的和睦团结。

2)特殊事件发生时游客无法缺少领队的帮助。事故发生时领队可以以受过的专业训练给游客以帮助;偶遇灾难时游客可以得到领队的心理庇护。

(3)领队在旅行社业务拓展中的特殊作用。

1)领队的服务可以起到比广告更好的招徕作用。领队需认识到出境旅游游客具有的重复出游的可能性;领队的优质服务是旅行社最好的广告。

2)领队需有旅行社企业整体意识。领队需为旅行社的线路产品提供合理的改进建议;领队需主动承担推荐旅行社线路产品的任务。

(四)旅行社对出境领队的管理

(1)与受聘的出境领队签订正式的劳动合同。计调必须重视与出境领队的劳务合同，按照《劳动法》的规定与领队签订劳动合同，即使是临时招用的领队人员，也要签订临时劳动合同。实行合同管理，是提高领队服务质量的重要措施，促使领队人员增强责任感。

（2）建立联系网络。制作领队名录，内容应包括姓名、性别、年龄、语种、身份证号、导游证号、领队证号、护照号、手机号、备用联系电话、住址、紧急联系人电话等。计调应该建立完备的领队联系网络，保证接团、带团工作准确无误。

（3）建立领队人员业务档案。对于所有为旅行社带过团的领队，无论是专职的、还是兼职的，无论是长期的、还是临时的，哪怕只带过一次团，带过几个散客，计调都要做好记录，建立业务档案。

（4）管理领队、导游证件。负责送审、年审、换证等，凡是旅游行政管理部门所规定的各项与导游相关的文件、政策，以及相关的活动安排，都必须及时地传达给领队人员，使有关导游的情况下情上传、上情下达。

（5）在岗培训与考核。对领队人员进行全方位的培训，主要内容包括思想政治教育、法律法规教育、职业道德培训、服务意识培训、服务技能培训、语言能力培训、专业知识培训、应变能力培训等。考核的内容包括全年的工作量、业务能力、旅游者投诉与表扬情况、学习与进修等。

（6）做好行前说明会。

1）行前说明会的内容。

①向旅游者说明出境旅游的有关事项，以及外汇兑换事项与手续等。

②向旅游者发放《出境旅游行程表》、团队日志和《旅游服务质量评价表》。

③相关法律法规知识及旅游目的地国家的风俗习惯。

④向旅游者说明各种由于不可抗力/不可控因素导致组团社不能（完全）履行约定的情况，已取得旅游者的谅解。

⑤说明国际惯例、进行安全提醒。

⑥向游客宣布境外饭店住房名单。

⑦告知游客其他注意事项。解读《出境旅游行程表》；强调出发时间、集合地点；团结互助、礼貌友善、支持领队工作；文明礼貌，点评中国游客不文明习惯；旅游目的地天气状况，行装建议。

2）行前说明会领队要注意的问题。

①要体现领队的精神风貌；

②要以礼貌语言亮相；

③着重强调时间；

④将自己的手机号码告诉游客；

⑤记下每位游客的手机号码；

⑥给未能出席的游客打电话；

⑦记住要将发放的物品带给游客。

【案例分析】

出境旅游该不该派领队？

案例描述	李某夫妇参加 A 旅行社组织的"新、马、泰、港、澳十五日游"旅游团，在临登机时，旅游者发现，该旅游团是由 5 家旅行社共同组织的，大家手中的旅游日程各不相同。更让旅游者感到疑惑是，该旅游团没有领队，而团队绝大多数游客是初次跨出国门。 　　这个出国旅游团在整个旅途中遇到许多困难，在国外如何转机，入境卡怎么填，需要哪些旅行文件，怎样与境外旅行社接洽等均无人过问。在新加坡入境时，因不熟悉情况，旅游团被边检部门盘查一个半小时之久，影响了游览活动。在旅游过程中，因没有领队与境外接待社协调，原来的日程安排也被多次变更。旅游团在异国他乡，人生地不熟，只好听从境外导游的摆布。旅行结束后，李某夫妇以旅行社未提供相应服务，损害其合法权益为由，要求旅行社赔偿其损失。 　　旅行社辩称，组团人数不足，由若干家旅行社将旅游者拼为一个团，是旅行社的通常做法，只要按约定准时出游，是否告知旅游者并没有实际意义。此次组团出境旅游，事先双方并没有约定派领队，因此，旅行社未派领队并不构成违约。 　　你认为旅行社是否违约？旅行社是否必须为出境游游客安排领队？
你的答案	

任务二　出境游计调业务操作

任务清单

任务名称	出境游计调业务操作
任务描述	熟悉出境领队工作流程及相关注意事项，掌握出境游线路设计与销售、接受报名、签订合同、预订机票、向接待社下达接团计划、收资料、审资料、送签、与接待社落实相关细节、安排领队、落实行程等工作开展的方法和技巧
任务目标	出境游产品设计与计价、审核游客资料、办理签证
任务要求	掌握审核游客资料和办理签证的流程、方法和技巧
任务思考	（1）出境游产品设计内容。 （2）如何审核游客资料。 （3）如何办理签证
任务实施	小组1讨论： 出境游产品设计要求。 小组2讨论： 出境游产品设计内容。 小组3讨论： 如何审核游客资料、办理签证
任务总结	通过完成上述任务，你获得了哪些知识或技能
实施人员	
任务点评	

【做中学　学中做】

出境游计调的工作与国内组团社计调相比多了哪些内容？

一、出境游产品设计与计价

（一）出境游产品设计要求

出境游计调在进行产品设计时，首先要了解客源地游客对出境游线路和地区的需求，其次要充分了解旅游目的地国家和地区的旅游资源情况，结合当地地接社的产品设计，再全面收集同业同类目的地国家的特价信息，收集目的地国家酒店、门票、车队行程信息及航线特价信息，并关注我国对目的地国家政策的变化与汇率的信息。综合制作出符合旅游市场需求的旅游产品。

出镜游产品设计应遵循旅游行政管理部门所规定的规范要求。

（1）具有安全保障；

（2）符合国家法律法规、部门规定、国家或行业标准；

（3）正常情况下能确保全面履约，发生意外情况时有应急对策；

（4）满足不同消费档次、不同品位的市场需求，可供旅游者选择；

（5）对游客有吸引力。

（二）出境游产品设计内容

根据客人的具体要求（人数、酒店星级、天数、航班时间、签证要求等）做出符合游客要求的行程计划；结合当地的气候、环境、住宿、景点等要素，为游客设计最合理、性价比高的行程；及时了解当地最新的旅游新路，新的景点、特色风情、风味餐等信息，并从以下几个方面做细致的了解：

（1）吃：用餐的餐厅环境（普通团队餐厅不是公务商务餐厅），中餐还是西餐，自助餐还是桌餐，多少人一桌，中餐及晚餐的餐标是多少，是否能够提供餐厅及菜单做参考。另外，可了解客人是否有饮食禁忌（如伊斯兰教等）；风味、海鲜、特色餐的标准等。

（2）住：酒店的星级、位置、配套设施（如是否可以上网，有无游泳池等），房间的大小，早餐是否自助餐，费用是否含早餐，双标间和大床间的区别，周边是否有商场、超市，离市区或机场、景点的距离及车程。

（3）行：了解用车的大小、型号、车龄，是否有行李箱，导游为多少人是司兼导，多少人为司导分开，每天行驶的公路数，城市和城市之间的距离（公里数，开车时间，交通方式是飞机还是汽车，费用的区别）；另外，如航班时间为凌晨起飞的航班，当天晚上的活动如何安排；如出发时是早班机，出发前一晚的住宿是否需要安排；抵达时为凌晨，住宿怎么解决，早餐是否安排；在飞行过程中，飞机上的餐食是否提供，飞机的机型等都可做了解。

（4）游：行程中景点的门票包含哪些（是否含有登塔、讲解、游船、快艇、景区交通等小的项目），了解自费景点的费用（客人现付和我们统一付款的差价），每个景点的游览时间。

（5）购：行程中有几个购物点，分别在哪里，是否有知名的名品折扣店，购物时间安排是否充分，购物店的知名度，退换货等条款，相关的退税规定，购物中的注意事项。

（6）娱：游客的自由活动时间，是否有特殊的安排。如有些游客喜欢去当地的酒吧、赌场等体验，或去看一场表演，有哪些好的建议，费用应列明，另外，应特别告诉游客，注意安全（人身及财产安全），应结伴而行。

（7）特殊服务：报价中有游客会有特殊要求，如参观某场所、某企业、某景点等，或提出去看望朋友、亲戚等，在保证安全及不违反原则性问题的基础上（需按时回酒店，如期回国，提供保证金担保等），应尽量满足客人的要求，以体现个性化的服务。增加的费用，报经理同意后报给游客。

（三）产品计价、包装产品

对线路行程的整体价格进行核算、调整和包装。

（1）与境外地接社沟通、询价。根据确定的线路，请2~3家的旅行社做报价，报价时应提供同一人数，同一星级酒店，同一车型，同一行程，同一用餐标准，同一景点门票，让地接社做报价，地接社在报价中会提出行程安排中的不合理现象，可根据建议调整行程后再统一重做报价，将几份报价交由经理审核后，选择其中一家性价比好，服务质量优秀，在业界口碑好的地接社合作，提交时，应针对各家社的报价说明各自的优势在哪里。

（2）与地接社商定行程、说明接待标准。要求地接发行程并分别报地接价、房费、单房差、全程用餐（几正几早）、几座车、邀请函（哪个单位发的邀请函）、公务活动费用（若需要翻译,则翻译费用是多少)、导服费、导游小费和景点门票费用。

根据地接社的确认,落实酒店(核实酒店信息,查看评论、价格、地段等,用房间数、户型等),如不合适应及时调整,应注意双床标间、双人间、单人间及双人大床间的区别,交财务备份。

(3)确定团款结算方式。出发前预付最高额度(80%);回来后无问题,三个工作日付清余款(需提供客人在当地签署的意见单);支付余款前应提供全款的发票;根据汇率确定付款的币种,此项由财务确定付款方式。

(4)若是给行程要求地接按此报价,一定要问清楚行程中的景点是否可以正常开放,若不能,请注明并通知我们。

(5)行程中的交通工具若有火车和轮船要注明是几人厢/舱,是否有单间差。

(6)机票询价。确定机票定金是多少,如客人被拒签如何处理,提前几天出票,出票后付款方式(转账、支票),出票后全款付清;询价时要确认是否有机位和特价票。

规范操作

预订机票时的注意事项

(7)若有具体行程,就按行程中的线路询机票价;反之则先询机票价而后再做行程。

【思考与练习】

对于出境游的团队,旅行社可否只安排领队而不安排地接导游(可参考《中华人民共和国旅游法》的相关规定)?

你的答案

(四) 对地接社的选择和调整

1. 及时有效地调整接待社

(1) 注意正确地选择境外地接社,对于那些操作不规范、不具备客源优势的接待社要进行及时的调整或替换。

(2) 在目的地国家和地区旅游部门指定或推荐的范围内,选择境外接待社并进行评审,信誉和业绩优良者优先选用,以确保组团社所销售的旅游产品质量的稳定。

(3) 与旅游目的地国家和地区的接待社联合,进行服务质量的监督和改进。

2. 建立紧急预案机制与应急处理程序

(1) 出境社计调应建立健全应急处理程序和制度。

(2) 旅游者在旅游过程出现的特殊情况,如事故伤亡、行程受阻、财物丢失或被抢被盗、疾病救护等,领队应积极做出有效的处理,以维护旅游者的合法权益,必要时,要向我国驻当地使领馆请求帮助。

【案例分享】

被降低的接待标准

案例描述	王某等15人参加了某国际旅行社组织的"新加坡、马来西亚、泰国、中国香港十五日贵宾旅游团"。后因境外旅行社接待中出现服务质量问题,王某等遂向旅游行政管理部门投诉,要求旅行社赔偿损失。经查,境外旅行社在安排的住宿、交通、餐饮等方面确实存在低于原合同约定标准的情况
启示	1. 旅行社应当承担赔偿责任。根据《旅行社管理条例》的规定,因境外旅行社违约,使旅游者权益受到损害,组织出境的国内旅行社应当承担赔偿责任,然后再向境外旅行社提出赔偿。 2. 根据《旅行社质量保证金赔偿标准》,旅行社安排的旅游活动及服务档次与协议、合同不符,造成旅游者经济损失的,应退还旅游者合同金额与实际花费的差额,并赔偿同额违约金。 由于境外接待社的原因导致游客的投诉,对旅行社的声誉具有严重影响,因此作为组团社必须严格监督境外接待社的接团质量,出现问题及时沟通,沟通不利,要进行调换

二、产品销售、接受报名、签订合同

(一) 出境游计调产品销售

(1) 熟悉所销售的旅游产品和业务操作程序。

(2) 对游客提出的参团要求进行评价与审查,以确保所接收的游客的要求在旅行社提供服务的范围之内。

(3) 向游客说明所报价格的限制条件,如报价的有效时段或人数限制等,计价手续完备,账款清楚。

（二）出境游计调与前台接待和外联人员的合作

（1）向前台和外联部门了解最新发布的出境游线路及报价、签证须知等。

（2）及时下发最新的出境游行程、签证资料、出境须知。

（3）进行港澳通行证及护照的办理程序和所需资料培训。

（4）要求销售人员做好游客咨询的登记、回访工作。

（5）接受游客报名，并要求销售人员做好以下工作：

1）查看护照有效期（不得少于6个月），港澳通行证签注是否过期（香港和澳门），公务员、国企等备案人员等需主管部门盖章。

2）查验签证所需资料是否齐全、合格（填写出境资料表格），并将所收到的资料给客人写好明确的收条（注明收到的资料、所缺的资料，最迟备齐资料的准确日期）。

3）同时签订合同并收款，告知行程和出发日期及拒签后的款项。

4）审核客人资料的真实性（客人走后，按照客人提供的单位和家庭电话分别核实情况）。

5）将护照及签证资料等交接到出境游计调处，并了解送签日期、出签日期（客人有无其他要求要和计调交接清楚）。

6）出签后从计调处领取出团通知并及时通知客人（集合时间、出境注意事项等），并询问是否需要开出团说明会等。

7）客人回来后电话回访，并做好记录反馈给计调。

8）做好前台客户档案的记录。

（三）接受报名、签订合同

行程设计完成后，旅行社通过各种渠道进行销售，接受游客报名，签订出境旅游合同。在合同中向游客说明所报价格的限制条件，如报价的有效时段或人数要求，以及人数未达到成团标准而不能成团时的解决办法等。

1. 和游客的确认

游客接受此行程和报价、同意继续操作后，计调将做以下确认（出境团）：游客和护照上相符的中英文名字、性别、出生年月日、护照号码、身份证号码。

与游客确认好之后，给游客下发一份签证所需资料明细，并及时和游客确认是否收到资料，向游客解释一遍资料的情况，必须一项一项核对，看游客是否清楚地明白所需准备的材料，明确告知游客材料上交时间，说明如延迟未给，会影响游客的签证及出发时间。

注意：给游客的资料中，需注明哪些需要给原件，哪些需要给复印件，另外，需注明是否需要面试，采集生物指纹，面试一般会安排在什么时间等，如南美等地需注射疫苗的请游客根据出发时间来确定打疫苗的时间、疫苗的有效期等。

【案例分享】

	旅行社应该让游客明明白白消费
案例描述	有些旅行社计调，为了多收客人，故意隐瞒出国游的真实费用，等消费者交齐团款，准备出行时，才告知其他费用；还有旅行社在旅游宣传与实际旅游项目上有较大出入，导致游客旅游体验不佳；有的旅行社在行程中安排的一些景点，不让游客下车参观，只让其在车上"远观"；旅行社向游客收取不合理费用，以国际惯例为由强行收取导游费、司机费，有些领队甚至连同地陪威胁、恐吓游客
启示	出游前，旅行社要与消费者签订合同，应在合同中明确出境游的行程、路线、景点安排、食宿安排等。同时，旅行社有义务告知游客在旅游过程中的需要自行支付的项目和费用，不得擅自增加、减少旅游项目。如果在旅游过程中出现了与合同中不符的情况，游客可以进行投诉维权

2.和境外地接的确认

（1）与境外地接确认：最终行程、人数、几单间/双间、接机举牌名称、航班号、游客名单、用车多少座、车况、酒店的星级、新旧程度和游客的特殊要求。

（2）提供境外导游的姓名、电话，紧急联系人的姓名、电话，酒店的名称、地址、电话。

（3）向境外地接征询在当地的旅游注意事项（转发给游客）。

【案例分析】

	由于疫情导致出境游取消
案例描述	王女士和朋友们共12人（10位成人2位儿童）报名参加了某旅行社"长滩岛六日游"，并签订了《出境旅游合同》，行程为2020年1月30日至2月4日，团费为6 099元/成人、4 999元/儿童，总计70 988元，林女士全额支付了旅游费用，并顺利办理了签证。 　　2020年1月24日，因新冠肺炎疫情影响，国家文化和旅游部下发《关于全力做好新型冠状病毒感染的肺炎疫情防控工作暂停旅游企业经营活动的紧急通知》（以下简称《紧急通知》），要求即日起暂停全国旅游团队业务和"机+酒"业务。鉴于此，旅行社通知尚未出行的林女士，因疫情防控要求，无法按期履行旅游合同，只能先行解除合同。林女士和朋友们提出，行程未实际开始，游客对合同解除既无过错又无违约，要求旅行社全额退回旅游费用。旅行社提出，因不可抗力情形，无法向游客退回已产生的机票及签证费用共计1 800元/人。双方为此发生争议。 　　你认为旅行社是否应该退回旅游费用？如果退费应该全额退还吗？
你的答案	

三、审核游客资料、办理签证

（一）审核护照

护照或者证件有效期必须在半年以上，要有明确的目的地和动机，护照上的填写内容一定不能有涂改，担保书要有依据，中英文对照内容不能潦草随意，一旦粗心造成退签，也会给旅行社带来不便。由于计调的失误可能会导致游客终身无法出国旅游，因此计调在审核时要千万细心。

【案例分析】

	游客护照缺页被拒绝出境
案例描述	游客李某参加旅行社组团的出境旅游，在出境时因护照缺页被边检拒绝出境。旅行社辩称，他们不可能对每一本护照进行检查。现在因游客取消了行程，境外6个购物店也无法参加；旅行社不追究游客不能参加购物的赔偿责任，由旅行社代为向境外地接社支付，但游客应当承担由于取消行程所产生的全部损失，包括机票、境外地接费用等。游客认为，自己对护照管理不善是应当承担部分责任，但不是全责。旅行社没有履行审核义务，也应当承担相应的责任。 你认为旅行社有没有履行审核义务？游客是否应该承担境外购物的费用？
你的答案	

（二）审核其他签证资料

（1）照片：严格按照各领馆的签证要求收照片，如照片不符合要求，应第一时间通知游客补拍，照片应为半年内近照。

【思考与练习】

根据图片说明照片的要求。

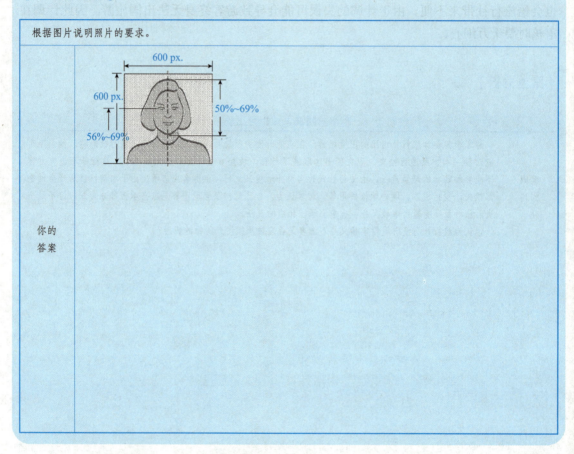

你的答案

（2）银行存款证明：由银行提供的格式的文件，证明游客在银行中有多少存款，欧洲国家必须要有这份东西，而且为原件，一般领馆使用后，不归还原件，收件时应与游客说清楚。存款证明冻结期限可在回国后一个月。冻结期一般为三个月、六个月、一年。冻结期间无法取钱，如取钱必须要原件（资金比较紧张的游客可建议他开具证明时一式两份，另一份签证好后可去银行取消冻结）。金额需在5万元以上，个别国家要求10万元。

（3）流水账单：美国流水账单可使用信用卡流水账单及交纳水电费的存折的流水账单。欧洲国家一般为有工资等信息的流水账单为佳，如无，也可用其他流水代替。必须为近期的6个月以上（注意时间的连续性）。

（4）营业执照及信签纸：游客单位营业执照正本或副本或组织机构代码正本及副本的复印件（加盖公章，公章需与营业执照名称一致，不能使用部门章，个别国家不能写"仅供签证使用"字样）；信签纸（需有公司抬头、地址、传真、电话，欧洲需负责人签名，负责人不一定为法人，可由办公室主任等代替，知道申请人出国事宜人员也可，特别注意：电话需留联系人直线电话、座机，个别领馆会根据提供单位的名称查询114后打114提供电话查询），信签纸公章需盖在右下角。如银行、事业单位等不能提供空白信签纸的，可提供样本给游客，提供时注意签证需送几个签证，要落实好后再给，以免游客重复办理资料。

（5）申请表：中文申请表请游客把所有的个人资料及单位资料都填上，特别注意：父母一栏必须提供。欧洲等申请国家申请表应注意有英文版本需游客签名，应在寄资料时一并寄出，告知游客应在何处签名。美国、英国、爱尔兰签证需将材料用英文翻译好。

（6）财产证明：存单、房产证、股票、基金、债券、股权等都可作为申请人的资产的组成，需要注意的是，年收入在12万元以上的游客，应提供个人的完税证明，另外，法人也应提供个人或企业的完税证明（此可侧面证明其收入状况），特别是加拿大、欧洲等国家，完税证明是最好的收入证明。其他财产如行驶证等，有就提供，没有不强求。

（7）身份证明证件：身份证（应正反面复印在一张纸上）、户口本应提供全家人的［一家：夫妻+小孩；如一家不在一本户口本上，应提供其所在户口本上的所有人员的复印件，如为集体户口的，提供户口本首页及自己页的复印件或户籍证明，不在领区范围内的外省人员应提供一年以上暂住证明（暂住证复印件或派出所证明），户口本上人员不可缺页，子女已婚的可不用提供］。

（8）关于上交资料原件的说明：凡是资料中要求提供原件的资料，一定是领馆要求提供的，请游客配合工作，如游客坚决不提供，和游客说清楚资料对签证通过的重要性，不提供会被领馆拒签等；资料需注意保管，特别是存单、银行卡等会给游客带来损失的材料，要签收后复印备份，归还时和游客核对清楚资料，不得遗漏。

（9）收到游客所上交的材料后，应第一时间进行核对，材料全部核对完毕后，应通知游客，告知所缺材料，哪些材料不符合要求，请游客在规定时间内补齐不完整的资料。如有需要旅行社代办的材料，应和游客说清楚费用的支付情况。如补交材料较多，应以书面传真邮件的方式和游客确认。

【案例分析】

游客未能如约出行，旅行社是否需承担责任？

案例描述	甲于北京国际旅游博览会（BITE）期间报名参加乙组织的德、法、意、瑞四国十三天旅行，并签订《团队出境旅游合同》电子合同。甲交付团款6 999元，导游服务费（即境外小费）1 400元/人，合计8 399元；合同约定BITE产品，如因客人原因不能参团，全款不退；"签证及销签提示"第1款：是否给予签证、是否准予出入境为有关机关的权利。如因游客自身原因或因提供的材料存在问题不能及时办理签证而影响行程的，以及被有关机关拒发签证或不准出入境的，相关责任和费用由游客自行承担。乙收到甲的送签资料，转送使领馆后顺利出签。出发前乙向包括甲在内的全体游客分别发送了成团通知。出发当日，甲在北京首都机场T2航站楼与该团领队及团员统一集合，准备乘坐航班前往阿姆斯特丹。办理机场出境边检时，甲的护照被边检扣留并当场剪角作废，未能成行。经询问得知：甲被拒绝出境的原因是"其为金融机构工作人员并经备案"，甲在填写个人信息表时写明"工作单位为某银行"，但乙方工作人员未对此进行提示。此后，甲将乙诉至法院。

续表

	1. 甲未能出行，旅行社是否存在过错？为什么？ 2. 甲未能出行，能否要求旅行社退回团款？
你的 答案	

（三）整理资料

在收取游客的签证资料时，计调可以多要一部分的资料（如空白信签纸、名片、照片等），送签后将剩余的资料整理好，另外，把游客的名片、护照、身份证等进行复印以便计调收集客户资料，完善客户系统。游客资料在废弃时应留意上面是否有游客的隐私资料（如身份证、名片、照片、资料表等），如有，应销毁后丢弃，以免被不法人员利用。

从业建议

审核资料是出境计调人员非常重要的工作

整理好资料后列表，注明游客的信息（中英文名字、护照号、护照有效期、出生年月、身份证号码、家庭地址、以往出国记录、资产状况），以便针对游客的实际情况做出有利于签证的判断，保证游客的签证率。

把整理好的资料归档，尽快办理签证。

（四）签证办理

（1）材料审核完成后，将材料转给签证人员，计调随时关注进度，进行统筹工作。

1）若游客持的是因公护照，要求我社代办邀请函，则先准备游客的资料：姓名、性别、出生年月日、职称、工作单位和访问的目的，并收取订金（理由：办邀请函要有费用发生）；

2）代办签证：收到游客的资料和款项后再送签；如果拒签，签证费用不退（向游客解释清楚此费用已交于使馆）；

3）公务签证：一般需10个工作日。

（2）签证办理程序。送签，在送签期间应时刻关注信息，如领馆要求补充材料，应第一时间联系游客增补相关材料，另外，如需面试、录指纹等，请及早通知游客做好相关准备。面试前一天应和游客确认时间、携带资料、是否安排住宿、车辆接送，送签人员联系方式。

1）预约：美国、英国等国家签证需先向领馆或签证中心预约，在预约前应与财务核对团费或报名费是否已经缴纳,如未交,是什么原因,请相关业务员在什么时间内催收费用,如费用不交,不办理签证事宜;有特殊情况需先送签再收费的,请业务员提出申请,交由总经理批示后,由财务通知计调操作。

2)时间:根据团队出发时间,计算好相关签证所需时间、提前出机票时间后,做出相应的送签时间,交经理或业务员确认,以便在计划时间内保证团队出发。

3)送签资料准备:填写各类签证申请表、送签资料(原件或复印件及翻译件等)、保险、机票订单、地接社的确认单、酒店订单等所需材料。

4)送签:落实好地接社及送签社后,将游客相关资料交经理审批,确定送签单位后和财务核对一遍收费情况,无误后送签。

5)送签后,领馆如需电话确认材料的,请告知游客签证类型和问题的一般回复。

四、确认行程

在送签的同时,出境游计调要进一步确认航班、酒店、车辆、景点、协作社、最终行程。

(1)落实境外采购,最主要的是房、机位。根据地接社的确认,落实酒店(核实酒店信息、查看评论、价格、地段等,用房间数、户型等),如不合适应及时调整,应注意双床标间和双人间与单间及双人大床间的区别。

(2)地接确认好各项事宜后,按我社的标准协议格式与地接社签署协议。

(3)准备出团相关事宜。整理旅游注意事项、团员手册、出团通知等,如签证无问题,可提前发出团通知及注意事项给游客,以便让他们及早准备。注意事项中应有出关携带物品清单、行李规格、转换器、当地天气、风土人情等事项;出团通知中应有自行集合时间、地点和规定集合时间及地点;如有安排住宿,应提前和游客确定好用房间数;联系酒店、车队做好相关安排工作。

规范操作

旅行团行前说明会的主要内容

(4)出签证后及时通知票务出机票,应注意三核对:核对名字、护照号、出生日期。取票后一定要再次核对姓名、时间和航班号。

(5)购买保险。团队出团必须购买意外保险,具体购买保额一般国内是 5 万元和 10 万元保额。欧洲等国家需送签前提供保单。

五、选派出境领队,派发出团通知书,召开行前说明会

根据最终落实的团队内容向领队派发出团通知书,与领队交接该团队所有具体事宜。同时,向游客派发给游客的出团通知书,包含团队的行程、出发时间、地点、紧急联系人姓名、电话等信息。如团队派陪同,应将确认的行程、标准、出发时间及地点、游客名单、联系电话、接团导游姓名及电话、接待社联系人及电话等信息列明,并对陪同的职责和义务详加提示,起到团队监督的作用。

出发前，应尽量召开行前说明会，介绍领队给游客认识，团队成员间有基本的相互了解，发出团通知（包括集合时间、地点和规定集合时间及地点、全陪和当地导游的联系方式）；准备出团相关事宜。给领队的出团通知里要有当地地接名称和负责人的名字和手机号码、司机电话。

【做中学　学中做】

情景扮演：以小组为单位，自选行程，召开一次领队说明会。将任务准备过程写下来。

六、出发前一天再次与领队和游客进行确认

（1）与每位游客本人确认一遍集合时间和地点，一般应以电话和短信两种方式通知游客，确认本人收到信息。

（2）车队确认送机用车、司机（打电话或短信跟司机确认，告知领队司机联系方式），如有安排机场住宿，确认酒店用房间数，是否要客人房费自付等。

（3）与领队进行确认，包括出团通知、团员手册、小费、地接社联系人、护照、核对机票、出入境卡、送机司机、酒店确认单、团员名单（姓名、出生日期、护照号码、联系电话）、护照复印件、意见单、领队日志等。

（4）在出团前24小时要再次与接待社落实和确认，以防接待社疏忽和遗漏，发现问题可及时补救。

规范操作

领队交接单

七、跟踪团队

计调要始终保持和领队的联络，询问团队情况，团队全程飞机起飞及降落前和接待社导游联系，确认接送机航班时间、人数等，并要求领队带回当地酒店和餐厅名片信息，如有行程内未安排到的好的餐厅及酒店，也应带回信息，以便下次团队做更好的安排。

回来前一天和领队落实回程接送人数，是否需要安排酒店住宿，落实相关情况。

在团队进行过程中，计调应与接待社、陪同、领队及游客保持联系，掌握团队的行程，发现问题及时沟通解决。

八、审核报账单据，交财务报账

团队行程结束后向地接社索要意见单、账单、发票；与领队核实团队情况，有哪些是游客满意的地方（予以保留），哪些是游客不满意的（需改进），酒店的具体情况，车况，用餐，购物等；收取意见单，报销费用；根据接待社传来的团队催款单，核对无误后，根据团队实际运作情况进行单据和费用的审核及结算。计调人员应将审核无误的单据附报账单交由主管再度审核、签字，交经理审核后，交由财务部门报账请其按协议准时付清款项。

九、团队结束归档，跟踪回访

团队结束后，要将所有操作传真及单据复印留档，作为操作完毕团队资料归档。并对参团游客进行回访，建立客户档案。另外，若团队中有要求洗集体照、做光盘等特别要求的，应在团队结束回来后及时处理相关资料。

规范操作

出境档案必备材料、游客意见反馈单

从业建议

出境游计调操作注意事项

十、根据产品销售情况进行调整

根据产品销售情况、出团量、团队质量对产品进行适当调整。销售好的产品继续销售也可适当增加出团计划，销售欠佳的产品要总结是线路本身不够吸引还是市场等情况造成，如团队质量出现问题要追溯原因，对于接待单位也要磨合、斟酌和再选择。

【出境游计调操作流程图】

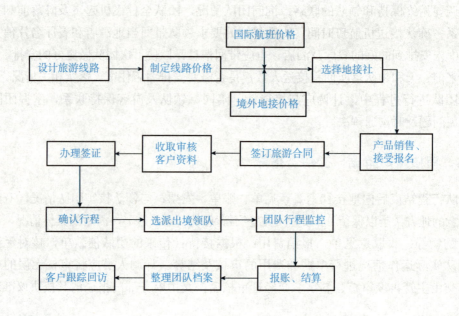

心灵之旅

文明出境游,为祖国代言

从马尔代夫的沙滩到阿尔卑斯的雪顶,从耶路撒冷的哭墙到玛雅文明的圣坛,中国游客的足迹踏遍七大洲,在旅途中欣赏着世界的精彩。

从出使西域的张骞到东渡日本的鉴真,从西天取经的玄奘到七下西洋的郑和,千百年来,中国人走出国门,世人也同样在感知中国、了解中国。

泱泱大国,礼仪之邦。在打点行囊出发前,别忘了提醒自己:文明出境游,为祖国代言。

2012年,中国游客境外旅游消费达1 020亿美元,高居全球排行榜首。2014年,中国公民出境旅游首次突破1亿人次大关,比十年前增长近4倍,稳居世界第一大出境旅游市场。世界各大旅游目的地国家为了"讨好"中国游客,一再简化签证程序,中国游客无论走到哪里都受到了足够的礼遇。但随之而来的是一些游客把国内的"不拘小节"带出国门,如在狮身人面像上刻字,在法国卢浮宫水池上泡脚,在公共场合大声喧哗,在免税店里随意插队等,这些不文明行为严重损害了中国的海外形象。

出境旅游的每一位游客都代表着国家的形象,一言一行都反映出国民的文化素质,关系到国际社会对中华文化的认同和尊重,是中国软实力的具体体现。从踏出国门的那一刻起,所有旅客都只有一个共同的名字叫"中国",每一位中国旅客都是中国形象的"代言人",言行举止都代表中国的形象。你文明,中国就能够多赢得一份尊重;你粗鲁,中国就会因此被看低一分。而作为中国人,我们每个人都只有为祖国增光添彩的义务,而没有为她抹黑的权利。

作为旅游从业者更应该从自己做起，恪守公德，讲究礼仪，文明游览，摒弃不良习惯，注意言谈举止，自觉遵守法律法规、守秩序、讲卫生、爱护环境和公共设施，争做文明和友谊的传播者；同时要自觉规范经营行为，恪守职业道德，不发布虚假广告误导游客，不"欺客"、不"宰客"，及时提醒劝阻游客不文明行为，引导游客尊重旅游目的地文化习俗。

新版《中华人民共和国旅游法》大力倡导健康、文明、环保的旅游方式，将出游行为上升到法律高度。文明出境游既是对法律的敬畏，更是爱国之情最具体、最朴素的表现形式。

中华民族自古崇尚文明礼仪。文明出游是提升国家形象、增强国家软实力的必要构成。文明出境游，争当国家形象的优秀"代言人"。

【思考与练习】

	你在旅游中遇到过哪些不文明行为？作为旅游从业者应该怎样维护祖国的形象？
你的答案	

课后任务

任务名称	以出境游计调的身份说明赴日旅游行程、注意事项及签证办理的程序
任务说明	出境游计调的操作流程大致与国内计调操作流程相同,但涉及签证和国际航班的预订。本任务不进行具体的出境团队操作,各组仅以出境计调的身份,搜集日本游行程,了解行程中所含景点,掌握赴日旅游的注意事项,熟悉赴日旅游签证办理的程序和要求
任务目标	以出境游计调工作为背景,详细了解赴日旅游的注意事项及日本主要景点的概况,掌握赴日旅游主要线路编排情况,重点掌握赴日旅游签证办理的程序、所需材料和要求
任务性质	小组任务,利用网络等工具课上、课下完成
任务指导	1. 各组自选一条赴日旅游线路。 2. 通过网络了解此线路包含的主要景点概况和线路特色。 3. 了解赴日旅游需注意的事项。 4. 查询赴日旅游国际航班的情况。 5. 通过网络或联系在国际社工作的往届同学,了解国际航班预订的程序和方法。 6. 查询赴日签证办理的方法、所需证明文件,以及需要填写的表格。 7. 制作 ppt 文件。 8. 任务汇报时,各组选派一到两位同学进行说明,一个小组进行说明时其他组同学以游客的身份听取说明,可以提出问题,由汇报小组进行解答
考核标准	1. 所选线路具有一定的特色。 2. 景点介绍详细,语言优美,具有吸引力。 3. 全面说明赴日旅游注意事项。 4. 关于签证办理的说明正确、详细。 5. 普通话标准、表达流畅、注重仪态仪表,回答其他小组提出的问题时,应对自如,应变能力强。 6.ppt 制作精美
备注	各组根据任务要求详细分工,填写项目计划书、项目总结、任务小组检查监控记录、任务过程表现评价表等学习文件

同步测试

一、名词解释

护照　签证　ADS签证　申根签证　OK票　OPEN票　机票改期　机票签转　出境领队

二、简答题

1. 公民申请普通护照应当提交哪些材料？
2. 出境签证办理的一般程序是什么？
3. 办理赴美国旅游的签证需要哪些材料？
4. 办理赴日本旅游的签证需要哪些材料？
5. 办理赴韩国旅游的签证需要哪些材料？
6. 大陆居民赴台湾旅游需要办理哪些证件？需要提交哪些材料？
7. 大陆居民赴港澳旅游需要的材料和申请步骤有哪些？
8. 出境游计调主要工作内容有哪些？
9. 中国三大航空公司对于国际航班行李托运的规定是什么？
10. 出境游行前说明会一般应包含哪些内容？

案例分析

1. 李女士母女2人到某旅行社报名参加英、法欧洲十二天旅游团，签订出境旅游合同并交付团款和担保金，同时提交了2人参团所需的个人资料。签订合同时李女士向旅行社表明，此行需母女同游。一周后李女士接到旅行社通知，前往英国领事馆进行面签。10日后旅行社告知签证已办，请及时取回证件资料。随后，领队电话通知了出发集中时间、地点及注意事项。但当天下午，旅行社工作人员突然电话告知李女士，因其女儿赴法国签证被拒，不能随团出游，并要求其承担签证费2 000元／人、机票及综合业务损失费5 500元／人。

李女士因女儿被拒签而取消出游计划。在办理退团手续时，旅行社按照合同约定扣下了签证费2 000元／人、机票及综合业务损失费5 500元／人。李女士认为旅行社所扣损失费过高，并对事前是否确认办妥了签证手续产生怀疑而进行投诉。

经调查，情况基本属实。李女士母女2人在报名参团时签订了旅游合同及补充协议，其中，旅行社告知游客，如出现被拒签或拒绝入境等情况，游客需承担机票及签证损失费。李女士认为在出发前一天下午才接到女儿被拒签的通知，反映出旅行社在操作过程中存在失误。只同意承担签证费每人2 000元，不同意承担机票等业务损失费，要求旅行社退还除签证费外的团费。李女士的这种要求是否合理？

分析：旅行社计调或销售在接受游客委托，为游客办理出境旅游相关业务时应明确告知有关签证时间、拒签风险等信息，并与游客签订详细的委托合同，说明因游客材料准备不足或其他非旅行社原因导致的拒签，游客应承担的损失，避免出现案例中的纠纷。本案例中经协调，最终由李女士承担签证费 2 000 元/人和机票退票损失费 1 500 元，其他业务损失费由旅行社承担。

2. 某公司为了增强和全国各地客户的感情联络，决定组织所有客户经理参加境外旅游。经过与 A 旅行社的洽谈和协商，该公司决定全额支付旅游费用，并按照旅行社的要求，为每一位客户支付了 500 元的境外自费项目，同时书面约定，所有客户不需要在境外支付其他任何费用，除非客户们主动提出参加某些项目。组织的旅游团到达境外后，境外导游员给游客一份自费项目目录和价格，供每一位游客选择，境外导游员同时规定，每一位游客要交纳自费项目费用 1 500 元，否则就不再提供服务。由于身处异地他国，这些客户被迫按照境外导游员的要求，每人支付了 1 500 元自费项目的费用。回国后，游客向组团社提出返还 1 500 元的要求被拒绝，向旅游管理部门投诉。旅游管理部门是否应该接受游客的投诉，并返还已经交纳的 1 500 元自费项目费用？

分析：因为游客的消费出于被迫，而不是自愿，境外导游人员的行为剥夺了游客的自主选择权，A 旅行社作为组团社，没有起到监督地接社服务质量的作用，A 旅行社应当全额退还游客交纳的 1 500 元。在出境业务操作过程中，作为出境游计调应该严格考察境外地接社的资质和服务质量，并在团队游览过程中密切关注团队运行动态，出现问题及时解决。同时应该加强对出境领队的管理，明确领队职责。

3. 游客王某参加出境旅游，在和旅行社签订旅游合同前，王某向旅行社提出，希望在境外有一天的自由活动时间，因为他要去拜访老朋友，旅行社没有明确拒绝。到了旅游目的地后，王某向领队提出要离团一天，并请领队将护照还给他。领队以团进团出为由，拒绝王某离团，也拒绝将护照交给王某。王某最终没有拜访老朋友，仅仅是在酒店和老朋友见面，返程后王某向旅行社投诉。王某在境外旅游过程中离团一天的要求是否合理？

分析：旅行社在和游客签订合同时，应明确说明出境随团旅游，全团游客在境外的旅游活动必须以整团的形式参加活动，游客不能在境外离开团队活动。《中华人民共和国旅游法》有明确的规定，出境旅游不得擅自分团、脱团，旅行社不可以和游客约定在境外分团。因此，当游客提出境外分团的要求时，旅行社应当明确拒绝，而不是似是而非。

4. 一对夫妇要去德国和奥地利旅行，委托旅行社办理申根签证，旅行社为这对夫妇办理的是法国申根签证，并告知他们持法国签证也可进入德国。请问旅行社的做法是否正确？

分析：旅行社的做法不正确。虽然欧洲申根国家签证规定，得到其中一国的申根签证，可前往其他申根国家访问。但申请欧洲申根签证要严格遵守这样的规定，即"前往几个成员国，应申办主要访问成员国或停留时间最长的成员国的签证，如果只前往某一申根国家，则应申办该国的签证，在无法确定主访国时，应申办前往的第一个申根国的签证"。因此，在德国法兰克福机场办理入境时，德国方面认为这对夫妇所持的申根签证信息与实际目的不符，拒绝这对夫妇入境。

5. 游客张先生一家三口报名参加 A 旅行社组织的"经典澳洲大堡礁缤纷全赏九天游",交了团费,并签订旅游合同。旅游结束后,张先生对 A 旅行社的组织和安排感到很不满意,遂向旅游质量监督部门投诉。投诉内容如下:①称在 9 天的行程中,旅行社安排的领队为全陪,该领队对旅游目的地情况不十分知情,全程讲解很少,甚至一问三不知。②没有到达大堡礁最佳欣赏地,因大堡礁是游客最希望游览的景点,也是本次旅行的核心,是经典线路游的经典之处,但旅行社仅仅安排去了绿岛等岛屿参观。③缩短景点游览时间。在前往参观冲浪者天堂景点时,到达景点时已经是傍晚,无法欣赏景色。

分析:旅游质监部门经过协调,B 旅行社退回每位游客 1 380 元。本案例涉及的是典型的领队服务质量、缩短游览时间和遗漏景点的违约责任问题,组团计调在选派出境领队时应该认真了解领队的业务水平,明确领队职责。同时,在旅游过程中要监督领队和接待社的服务质量,当出现遗漏景点或缩短游览时间等情况时,计调应及时和接待社进行协调,给予游客一定的补偿,避免游客投诉。

综合实训

根据以下几个出境游行程,说明出境游操作的基本流程,签证等出境手续的办理流程和所需要的材料,熟悉相关旅游线路,召开一次行前说明会,并制作一份行前说明会会序。

行程 1 日本双飞六日游					
线路特色						
1. 南航正班航班体验。 2. 富士山美景。 3. 银座心斋桥尽情购物。 4. 日式温泉酒店。 5. 正宗日式温泉料理。 6. 全程入住当地 4 星级酒店				
Day1	沈阳—东京	交通:飞机	餐:无	住:东京
沈阳桃仙机场集合,搭乘国际航班前往东京,抵达后入住酒店				
Day2	东京	交通:巴士	餐:早	住:东京
早餐后,游览都厅展望台约 40 分钟,于 45 层俯瞰东京全景。 以下自费项目二选一:1. 东京湾游船+台场海滨公园+自由女神像+维纳斯购物广场+丰田汽车馆+中餐,自费 9 000 日元/人;2. 迪士尼乐园,自费 10 000 日元/人(包含车费、停车费、门票等)(保证停留 6 小时)。不参加自费者则送往 LALAPORT				

续表

Day3	东京—箱根	交通：巴士	餐：早、中	住：温泉酒店

浅草雷门观音寺（约30分钟）创建于公元628年，是日本观音寺总堂，东京的观光客一定会参观浅草寺，不到浅草寺就像白来东京。看看漆着"雷门"字样的大红灯笼（寺庙的大招牌），来到此地，您将会感受到日本人虔诚的民间信仰。仲见世商店街（约30分钟）由雷门通向宝藏门及正殿有一条300米长的参道。道路两侧是一排排自江户时代延续下来的大小店铺共有88间，出售日本最具特色的旅游纪念品、民间工艺品、和服及日本人喜食的小吃等。银座（约2小时），银座的地价在世界上屈指可数，为世界之最，设有多家大型百货公司，包括三越、松屋百货、松板屋等，高级品牌专门店如爱马仕、Gucci、Chanel，也有饮食店及高级餐厅、高级夜总会等。秋叶原动漫一条街（约60分钟），秋叶原是世界上最大的电器商业街区，沿街分布着大大小小几百家电器店，出售最新型的电脑、相机、电视机、手机、家用电器等，品种相当齐全。日本高人气偶像团体AKB48的专属剧场也位于此，可以买到许多AKB48的相关商品。这里也是日本动漫文化的发祥地，遍地都是动画、漫画、电玩、手办商店，还有很多偶像系店铺、动漫咖啡馆、女仆咖啡馆等，常能看到Cosplay的少男少女，是御宅族和动漫迷的一大"圣地"。电器免税店（约60分钟），御宝国际免税店（约60分钟）等

Day4	箱根	交通：巴士	餐：早、中、晚	住：名古屋

富士山五合目（约45分钟），富士山由山脚至山顶按高度共分为十合，半山腰便称为富士五合目。富士山五合目高约2300米，乘车而上，游客轻轻松松就可得到登富士山的珍贵体验，沿途有赤松、铁杉等森林景色。抵达五合目，站在象征日本的富士山上居高临下，富士五湖、八岳、南阿尔卑斯的美景秋色向您展现，此情此景毕生难忘（如天气原因不能上山改为平和公园·舍利白塔）。忍野八海（约45分钟），所谓忍野八海，其实是富士山的雪水流经地层过滤而成的八个清泉。忍野八海以其优美的自然环境闻名，池水波光粼粼，与美丽的富士山合为一体，美不胜收，吸引无数摄影家不远千里前来取景。忍野八海为国家指定的天然纪念物。御殿场奥特莱斯（约120分钟），御殿场奥特莱斯是日本最大的名牌折扣店，坐落于风景优美的自然环境中，可眺望富士山，拥有欧风式的建筑外观。自开业以来，这里就聚集了许多日本国内外著名品牌专营店，加上距离富士山、箱根等度假地距离很近的优越条件，所以是很多海外游客日本之旅的必经之地

Day5	京都—大阪	交通：巴士	餐：早、中、晚	住：关西机场附近

金阁寺（约45分钟）与富士山、艺妓并列为外国人眼中日本三大典型印象。金阁寺是日本宝贵的文物和著名的旅游点。金阁寺华丽、不羁、销魂夺魄。将所在时代的传统文化和新兴的物价文化融为一体，是室町时代的代表作。金阁寺不仅被国家指定为特别名胜，还是闻名遐迩的世界文化遗产祇园（约45分钟）——京都最著名的艺伎区，也是京都颇受欢迎的观光景点之一，沿着花间小路漫步，欣赏两旁的美丽古建筑是体验传统祇园的好方式。傍晚时分，您还可能在街上看到舞妓。综合免税店（约60分钟）出售各种保健品或日用品。逛大阪城公园（约45分钟）（不上天守阁），此城为日本名将丰臣秀吉所建造，其雄伟的石墙砌造占地约百万平，分为本丸、二之丸和城郭之外的三之丸，四周以护城河围绕，大阪城四周均为绿意盎然的公园绿地，秀丽的庭园和亭台楼阁、奇花异卉，满目青翠，充满诗情画意。心斋桥（约45分钟），其是大阪最大的购物区，集中了许多精品屋和专卖店，从早到晚熙熙攘攘，以带有拱廊设施的心斋桥筋商店街为中心发展起来。这里大型百货店、百年老铺、各种小店铺鳞次栉比。入住酒店

Day6	大阪—沈阳	交通：飞机	餐：早	—

早餐后，前往大阪关西国际机场，机场免税店里可选购精美礼品，之后搭乘国际航班返回沈阳

以上行程仅供参考，最终行程以出团通知为准。
在不减少旅游景点和游览时间的前提下，地接社有权根据当天的天气、交通等实际情况调整景点游览前后顺序

续表

费用说明
报价包含
1. 签证费、往返国际机票、出入境机场建设税。 2. 旅行社责任险。 3. 当地4星级酒店标间住宿（日本酒店无星级界定，是根据国内标准标注，具体酒店名称见酒店名称附表）。 4. 中文导游、行程中所列景点第一门票。 5. 旅游用车、行程内餐食正餐 1 000 日元/人/餐。 6. 境外旅游意外险（最高保额为10万元人民币）
报价不含
自费项目、个人消费、航空保险、单房差 500 元/人/晚、自由活动期间所产生的一切费用
温馨提示
1. 日本气温与中国气温相近，具体城市天气可上网查询。 2. 日本与中国时差为1小时，早于中国时间，如日本 13：00＝中国 12：00。 3. 出外旅游，可能会因水土不服而令身体感到不适，所以客人应准备些常用的药品，若您长期服用某类药品，必须带足药物，以防万一。 4. 日本车辆全部靠左行驶，过马路时要严守交通信号，以保证安全。 5. 日本境内人民币、美金不流通，请备足日元。在日本国内兑换日元汇率比中国要高一些。 6. 日元换算方式：1万日元×0.065（汇率，以实际为准）＝650 人民币。 7. 日本电压为 110 V。插座多数为两扁角插头，部分酒店商店有售。 8. 电话：3G 手机开通国际漫游可使用在日本可购买的电话卡拨打国内电话，我社提供日本手机租赁服务，租金 400 元人民币（含 20 分钟国际通话，20 分钟国内通话，押金 1 200 元人民币）。 9. 护照是您在境外唯一合法的身份证明，一旦丢失，补办非常耗时而且将严重影响到您的观光日程，为防止丢失及其他情况的出现，旅游团统一保管。 10. 中国海关规定，在中国出境最多可携带人民币2万元或等额 5 000 美金的外币
预订须知
1. 递送签证材料后，如遇拒签按实际发生损失收取费用，如出签后因游客因素取消则根据旅游合同规定收取相应损失费。 2. 出签后视游客具体情况收取每人一定金额归国保证金或保函，如该费用/保函在发团之前未能到账，由此影响出行，后果自负。 此行程为参考行程，以出团前的行程为最终行程
签证材料
1. 有效期六个月以上因私护照。 2. 身份证、全家户口本复印件各一份（夫妻不在同一户口本上需提供结婚证复印件）。 3. 2 寸白底彩色照片 2 张（4.5×4.5）。 4. 签证申请表一张（向报名旅行社索取）。 5. 工作单位在职证明及营业执照副本复印件。 6. 资产证明（5万元以上存折存单复印件、房证车证复印件）。 注：以上材料的复印件均需用 A4 纸清晰复印

行程 2　首尔—济州五日品质游				
线路特色				
1. 游韩国"故宫"——景福宫；览韩国总统府——青瓦台。 2. 感受韩国时尚购物区明洞之潮流气色。 3. 游览浪漫济州岛。 4. 全程五花酒店住宿				
Day1	沈阳—釜山	交通：飞机	餐：早、晚	住：韩式五花酒店或同级度假村
沈阳桃仙机场集合，乘国际航班抵达清州国际机场，中文导游接机，入住酒店				
Day2	首尔—济州	交通：飞机/巴士	餐：早	住：韩式五花酒店或同级度假村
青瓦台舍廊坊，它是大韩民国的总统官邸及政治中心。景福宫为朝鲜时代王宫，韩国首尔规模最大、最古老的宫殿之一。国立民俗博物馆是韩国唯一全面展示民俗生活历史的国立综合博物馆。清溪川是首尔建设"生态城市"的重要步骤，是偶像剧最爱的外景场地。光华门广场位于世宗文化馆前面的"韩国的代表性广场"。乐天世界（通票）同美国迪斯尼乐园一样被称为世界级的主题公园，是游乐天堂。韩国七乐赌场（Sevenluck Casino）是由韩国观光公社组织成立的，由政府全额投资的文化娱乐城，目标是成为东北亚的 Las Vegas。涂鸦秀 HERO 是一种无声的音乐喜剧表演，让观众欣赏到不一样的绘画、舞蹈、喜剧等综合艺术手法				
Day3	济州	交通：巴士	餐：早、中、晚	住：韩式五花酒店或同级度假村
龙头岩是 200 万年前熔岩喷发后冷却而形成的岩石。城山日出峰的峰顶上可看到海岸线辽阔的大海和草原上壮丽的田园风光。城邑民俗村完全反映了济州岛独特的居住文化。涉地可支所在的海岸悬崖上是一片宽阔的草地。泰迪熊博物馆收藏了来自世界各地极其珍贵的限量版泰迪熊。汗蒸沐是一种韩国桑拿，韩国最流行的养生、美容、聚会场所，可解除一身疲劳				
Day4	济州—首尔	交通：飞机/巴士	餐：早、中、晚	住：韩式五花酒店或同级度假村
明洞乐天免税店聚集了众多海内外名牌，成为时尚的中心地带。COEX 乐天免税店，顾客可在出境前在此悠闲自在地享受购物乐趣。格乐丽雅免税店 63 是在"首尔的曼哈顿"即代表汝矣岛的摩天大楼"63City"内新开的高品质免税店。新罗免税店以低廉的价格销售香水、化妆品、服装、包、手表、珠宝等 500 多种世界知名品牌。购物店：高丽人参专卖店、化妆品店、护肝宝、土特产品超市				
Day5	清州—沈阳	交通：飞机	餐：早	—
早餐后，赴清州国际机场，由导游办理离境手续，乘国际航班返回沈阳，结束愉快旅行				
以上行程仅供参考，最终行程以出团通知为准。 在不减少旅游景点和游览时间的前提下，地接社有权根据当天的天气、交通等实际情况调整景点游览前后顺序				

续表

费用说明

报价包含
1. 韩国团体旅游签证。 2. 沈阳—清州往返机票及税金、境外空调旅游车。 3. 行程中所列餐食（早餐 5 000 韩币/餐，正餐 5 000 韩币/餐，不含酒水，行程中如个人原因未用餐，费用不退）。 4. 行程中所含景点第一门票。 5. 当地华语导游、出境名单。 6. 韩式五花酒店或度假村酒店住宿（双标间）。 7. 境外旅行责任险。 8. 境外旅游意外险

报价不含
1. 个人消费。 2. 单房差 500 元/人/晚。 3. 航空保险。 4. 自由活动期间所产生的一切费用。 5. 洗衣、电话、饮料、烟酒、付费电视、行李搬运等私人费用。 6. 出入境的行李海关课税，超重行李的托运费、管理费等。 7. 旅游费用不包括旅游者因违约、自身过错、自由活动期间行为或自身疾病引起的人身和财产损失

注意事项		
序号	项目名称	内　容
1	语言	韩语为行政用语，华侨少通国语。英文程度普遍不佳。
2	电压	韩国电压为 110 V。一般酒店都提供 220 V 和 110 V 的两种电源，注意插座上的标注。使用两脚扁脚插头，请自备转换插头。酒店也备用转换插头，但数量有限。如向酒店借用，请退房时务必当面退还
3	通讯	中国移动和中国联通的国际漫游在韩国都能使用，与国内通话可使用购买的电话卡或酒店房间内的电话
4	时差	中国比韩国晚一小时，如北京 10 点时，济州已经 11 点了
5	气候	韩国属温带气候，海洋性特征显著，四季分明，春季（4~6月）春光明媚，夏季（7~9月）温和潮湿，秋季（10~12月）凉爽迷人，冬季（1~3月）寒冷干燥
6	饮食	韩国料理多以泡菜、烤肉、鱼类为主，辛辣且少油，注重材料新鲜，与中国菜有很大不同。如您在韩国用餐不习惯，可根据口味适当带些榨菜等小食品
7	货币	人民币在韩国一般无法兑换，但在国际机场和景点兑换处可兑换，汇率较低，请准备所需美金。我国海关规定每人只可携带 5 000 美金和 20 000 元人民币出境。韩国货币单位为 WON：硬币有 W10、W50、W100 及 W500，而纸币有 W500、W1 000、W5 000 及 W10 000。美元、港币在一般酒店及兑换店都可以兑换，汇率与银行相近。旅客更可使用国际性信用卡
8	住宿	1. 请您妥善保管个人财物，贵重物品可放于前台或房间内的保险箱内。 2. 出于环保，韩国酒店一般都不提供洗漱用品，拖鞋也不是一次性的，请游客自备。 3. 酒店提供免费和收费电视，观看收费闭路电视前请查阅费用说明再做决定。 4. 退房时请您将私人电话费、饮料费和房间钥匙交到前台结账

续表

9	购物	韩国比较著名的特产是高丽人参和紫水晶。济州当地还有许多丰富的土特产品，如柑橘、柚子茶、蜂蜜、灵芝等。韩国人做生意讲究诚实可信、明码标价，购物很少打折，一般商场皆可刷卡
10	衣着	出发前，请参照天气携带合适衣物，以舒适、轻便休闲的衣服为宜，随身携带一件外套以防晚间转凉。海边风大，请带防风衣物
11	平时活动	由于语言差异和对环境的不熟悉，在团队观光活动结束后，您若想出去走走，请结伴而行。离开饭店外出时，请携带饭店名片以备迷路时使用。
12	风俗习惯	如果您去韩国朋友家里做客，就要了解韩国的习惯，如倒酒时，一手拿酒瓶，另一手要托住手臂；对主人的敬菜，第一二次要推让，第三次才接受；拒绝喝别人的敬酒是不礼貌的，如不能喝，就在杯中剩一点酒。韩国人原谅醉酒的人；不能把盘中的菜吃得很干净，否则对主人的不敬；有长辈在场，不能抽烟，不能戴墨镜。接受物品时要用双手，不当面打开礼物。韩国人喜欢单数，不喜欢双数。礼金要用白色的礼袋，而不是红色的等。俗话说"礼多人不怪"，多了解一些总没错
13	饮水	酒店自来水可安全饮用，建议自带保温杯
14	海关	严禁携带走私及违禁品，入境可携带200支香烟，洋酒1瓶。托运行李不得超过20公斤；液体、食品、刀具，液体化妆品不得带上飞机，只允许托运
15	备用药物	请根据自己身体状况自备少量常用药物

行程3 台湾环岛八日全景游

线路特色

1.食：保证200台币餐标（早餐均享用酒店自助餐）。台湾双夜市，吃遍台湾热带水果美味小吃、珍珠奶茶、凤梨酥、台湾黑珍珠莲雾、蚵仔煎等。
2.住：全程四花酒店，升级3晚五花酒店，1晚特色温泉酒店。
3.行：保证使用执照及各类保险齐备的7年内旅游车。
4.游：经典行程：阿里山森林游乐区、故宫、日月潭、鹅銮鼻、太鲁阁、台北中山纪念馆、中台禅寺、101登顶、观光火车、中正纪念堂、垦丁海边踏浪。带您游遍全台湾！独家升级：马太鞍湿地生态园、瑞穗牧场。
5.购：全程7+1个免税店让您舒心选购！保证无任何额外的自费项目收费，开心畅游！
6.特别赠送：每人每天一瓶矿泉水，旅行社责任险，人身意外伤害保险

Day1	沈阳—台北	交通：飞机	餐：晚	住：桃园当地四花酒店

沈阳桃仙机场集合，飞往宝岛台湾，抵达后专人接机入住酒店

Day2	桃园—台北—南投	交通：巴士	餐：早、中、晚	住：南投当地四花酒店

早餐后，游览世界四大博物馆之一的台北故宫博物院（游览约2小时），它是一座仿中国宫殿式建筑，馆内珍藏了上至殷商时期下至唐宋元明清及民国期间60多万件举世无双的中华文化的遗产瑰宝。馆藏的主要部分是来自北京故宫与中央博物院；另外一部分是来台以后的移交、购藏与捐赠。珍贵的中华文物经历战乱迁徙，而流传下来的藏品多是精华，遂有"中华文化宝库"之誉。之后游览拥有世界最快速电梯（37秒即可从5楼直达89楼观景台）之称的台北101（登顶/游览约1.5小时）。下午游览台湾最北端的野柳风景区（游览约40分钟），经长时间的海蚀风化和地壳运动，形成了海蚀洞沟、蜂窝岩、烛状石、豆腐石、薑状岩、壶穴、溶蚀盘等特殊的地质景观，有女王头、仙女鞋、乳石、豆腐岩等。之后乘车前往南投，晚餐后入住酒店休息

续表

Day3	南投—嘉义	交通：巴士	餐：早、中、晚	住：嘉义当地四花酒店

早餐后，前往著名的日月潭风景区（游览约2小时），日月潭是台湾最大也是最美丽的淡水湖泊，潭面广达九百公顷，中间拉鲁岛为邵族原住民的圣地，以此为界，北半部潭形如太阳，南半部潭形如月亮，故名日月潭。乘船游日月潭湖光山色美景，远眺慈恩塔、拉鲁岛、玄奘寺、青龙山。接着参观中台禅寺（游览约40分钟），中台禅寺是最大的以中西合璧的方式建成的寺庙，规模宏伟，大气自然，寺顶金光灿灿，令人惊叹。禅寺历时十年，耗资达30亿新台币，是台湾101的设计者著名建筑师李祖原所设计，可以说是世界上最现代化、最先进的一座禅寺。晚餐后入住酒店休息

Day4	嘉义—高雄	交通：巴士	餐：早、中	住：高雄当地四花酒店

早餐后，乘车沿盘山公路前往闻名遐迩的阿里山森林游乐区（山路比较辛苦，请提前做好晕车准备，游览约1.5小时），以"日出""云海""晚霞""森林""火车"五奇闻名的阿里山，这里的空气格外的新鲜，到处充满森林芬多精，有阿里山神木、三代木、云海、姐妹潭等胜景，沿途人文自然景观丰富（如遇台风或大雨基于客人安全考虑，我们将阿里山改成台南的延平郡王祠和赤坎鼓楼）。之后乘车前往南台湾大城——高雄，抵达后参观驳二艺术特区（游览约40分钟），晚间游览台湾著名的高雄夜市（游览约50分钟），晚餐后入住酒店休息。温馨提示：如因阿里山路况问题无法上山则改前往台南赤崁楼、延平郡王祠）

Day5	高雄—垦丁风景区—台东	交通：巴士	餐：早、中、晚	住：台东当地四花酒店

早餐后，游览风景优美的西子湾（约20分钟），西子湾是游客观海的最佳去处，更是眺望高雄港最佳位置。乘车前往台湾岛南部尖端赫赫有名的、台湾标志性的鹅銮鼻灯塔（游览约30分钟），它位于太平洋、巴士海峡和台湾海峡的分界处，有如洲的好望角。驱车前往鹅銮公路旁的南湾沙滩，南湾又称为蓝湾，是台湾最南端两陆岬的行界点。由于南湾沙滩呈现黄色，因此被称为恒春八景之一：金沙白浪。晚间抵台湾温泉之乡——台东县知本温泉区，晚餐后可享受温泉泡浴，温泉水质极优，对于皮肤病、关节炎、神经痛、促进血液循环、松弛肌肉关节皆有改善的效用（如果此地客满则改为其他地方泡温泉）。

温馨提示：请游客自备泳衣及泳帽，享用著名的知本温泉

Day6	台东—花莲	交通：巴士	餐：早、中、晚	住：花莲当地四花酒店

早餐后，游览马太鞍湿地生态，马太鞍湿地生态园区位于花莲县光复乡马锡山脚下，是一处天然沼泽湿地，此处也是阿美人马太鞍部落世代渔耕之地，现今此地仍是低度开发的荒绿田畴，一直保留着与自然和谐共处的生活文化。"马太鞍"是阿美人部落称呼树豆的名称，因为早期此地遍植树豆，故以此命名。园区中拥有近百种的水生植物及动物，丰富的生态环境也吸引各种鸟类前来，包括小白鹭、红冠水鸡、红尾伯劳等，是台湾东部的赏鸟重镇。马太鞍湿地拥有近5公顷的莲花种植区，盛夏时荷叶连连、娇艳莲花绽放，形成美不胜收的景致。另外，园区还设有"马太鞍湿地生态馆"，馆内陈设模型具体展示各生态栖地，方便游客了解湿地风貌；以及"马太鞍文史工作室"推动传统手工艺的复兴，让游客饱览阿美人传统风貌。随后参观瑞穗牧场，瑞穗牧场为花莲县瑞穗乡酪农区，位于瑞穗喷灌区与红叶溪畔，风光明媚，水源洁净，空气新鲜，草原丰富；瑞穗牧场设有游客中心、露天咖啡座、自行车道等设施，整个牧场开放的区域不大，可以骑着自行车逛一逛，步行也不会太累。牧场规划的亲子游憩区、赏鸵鸟区等设施，令全家大小都能轻松悠游。沿着入口的林荫路前行，右边是一片牧场，几只奶牛和鸵鸟在里面闲庭信步。路的尽头则是奶牛养殖区，可以摸摸奶牛的头，给奶牛喂点草料，亲密接触一下。让全家大小都能轻松悠游！瑞穗牧场中的贩卖部，除了可以品尝每天现挤、现煮的浓、纯、香的鲜奶外，还可吃到香喷喷的鲜奶馒头，以及充满奶香的原味牛轧糖，还有奶酪蛋糕、鲜奶酪、乳制冰品等甜点，都深受大朋友和小朋友的喜爱；之后前往北回归线标志（游览约20分钟）。后参观世界十大自然奇景之一的太鲁阁国家公园（游览约1.5小时），以雄伟壮丽、大理岩峡谷景观闻名，领略石灰岩和大理石结构的险峻峡谷，气势宏大令人目不暇接。晚餐后入住酒店

续表

| Day7 | 花莲—台北 | 交通：巴士 | 餐：早、中 | 住：台北当地四花酒店 |

早餐后，参观珍贵的各式大理石，经专业琢磨、切割便成了一件件美轮美奂的艺术收藏品。之后搭乘观光火车赴苏澳，乘车前往台北中正纪念堂（游览约30分钟），即蒋介石纪念堂，纪念堂尽显中国宫殿式建筑富丽堂皇之美，更显示浓烈的文艺气息。晚间二次游览著名的台北夜市，晚餐后入住酒店休息。

| Day8 | 台北—沈阳 | 交通：飞机 | 餐：早、中 | — |

早餐后，参观台北中山纪念馆（游览约30分钟），台北中山纪念馆外观宏伟、高雄、简洁、明爽、有力，不但使人产生仰景，也令人感到力与美的结合。随后参观士林官邸，之后带着依依不舍的心情乘机飞往沈阳，返回温暖的家。

以上行程仅供参考，最终行程以出团通知为准。
在不减少旅游景点和游览时间的前提下，地接社有权根据当天的天气、交通等实际情况调整景点游览前后顺序。

费用说明	
报价包含	
签证费用	台湾入台证费用，如临时取消、拒签收取200元/人
航空交通	提供沈阳至台北国际往返机票（不得退转改票，详情航班以出团通知书为准）。如果游客因个人原因临时自愿放弃，均不退还
酒店住宿	全程当地四星级酒店（3晚五花），双人标准间。如出现单男或单女的情况，贵司请安排该客人与其他同性之团友或领队拼房，如未能拼房，需支付单人房附加费，享用单人房间
团队用餐	正餐餐费标准200台币/人，详见行程。为确保游客利益，如遇机上、船上用餐，当地不再含餐，如游客不用团餐表示放弃不退餐费。全程当地用餐，团队餐不含酒水（自动放弃不退餐费）
行程中所列景点门票	不含需要另行自愿选择的付费项目和私人消费项目，因台湾地接费用为整体报价，若由于游客自身原因放弃游览则景点门票不退
旅游用车	境外旅行社用车将视人数安排10~45座旅游车（如16人以上将安排25~45座以内的车），确保每位游客一个正座
旅游保险	旅行社责任险、旅游意外伤害保险（3至70周岁游客再赠团队旅游意外伤害保险）
小费	团队里含导游、司机、领队的小费及服务费
儿童收费	2~12周岁儿童出行旅游必须与成人同行。儿童不占床收费接待与成人同价
报价不含	
大通证	办理《大陆居民赴台湾地区通行证》证件和签注费用及个人消费
行李托运	境外段旅行社以选用廉价航空为主，每位游客免费随身携带行李限7公斤。即单件行李箱为20寸，外部尺寸长、宽、高之和不超过160厘米，如嫌小可另随身携带软包1件。因游客行李过大或超重（含拒载）而引起的责任及托运费用均由游客全额承担，任何情况下旅行社不承担任何行李托运费用（购物凭证及出入境有效证件请随身携带，切勿随行李托运。行李或物品丢失、被盗等意外损失费用，需由游客自行承担）
个人消费	不含行程内标注的自费项目的费用和自费门票、游船及酒店内个人消费、转机时用餐、交通等费用
不可抗拒因素	因罢工、大风、大雾、航班取消或更改时间等人力不可抗拒原因所导致的额外费用

续表

购物退税	境外购物后办理退税存在一定风险，属游客个人自愿行为，请您务必谨慎，付款前仔细查验，确保商品完好无损并妥善保管相关票据和鉴定证书。领队虽然会在您离境登机时协助团员办理退税，但如果由于商店和海关无合同或机场原因（飞机晚点、银行关门、海关罢工、检查时间紧迫等）导致不能及时退税的，旅行社不负责办理退税业务及后续跟踪服务
报名须知	
入台证资料	1. 2寸白底照片2张。 2. 身份证正反面、户口本（家庭成员所有页）复印件。 3. 2~20周岁孩子需提供户口本整本复印件及出生证明。 4. 台湾通行证（剩余有效期超过6个月）
备注	1. 温馨提醒：为保证旅游安全，请游客在出行前做一次必要的身体检查，凡有心脏病、高血压、气喘病、癫痫症、精神病、糖尿病、法定传染病、贫血患者、孕妇及行动不便等者，或经医师诊断不宜出游者请勿报名。 2. 由于散客成团的特殊性及国家旅游局对出境团队游客不得擅自离团的规定，游客在境外需随团活动，台湾旅游团队需要团进团出，旅行过程中也不能离团，不与外籍人士同行参团，自愿取消的项目费用一律不退。赠送项目因自愿放弃或时间不够以及不可抗拒因素不能成行，不退费用，请谅解。 3. 如游客对接待有异议，请立即致电客服热线，我社将全力解决；请游客如实填写意见单，处理投诉时我社将以此作为重要凭证。 4. 退团规定：由于个人原因导致已办理证件后不能随团出行的游客，我社将收取代办入台观光证费用200元/人及配额费500元/人，以及已产生的第一晚住宿、机票损失费用等。不建议高龄老人单独出行。 5. 我社保留因地接旺季涨价、酒店变更、汇率变化或其他不可抗力原因而调整最终报价和行程的权利。 6. 行程中有部分景点列明入内参观，如阿里山、太鲁阁风景区等，如遇事故、台风、不可抗力因素、休息、关闭维修等导致未能入内参观，则换为其他景点由游客游览。综合门票费用不予退还。游客不得在团归后争议投诉追讨
温馨提示	

1. 报到：请团员准时到达约定的集合地点、向领队报到。
2. 行李：手提行李每人仅限携带一件，托运行李重量以不超过20公斤为准。
3. 海关：每位旅客可免税随身携带烈酒一瓶，香烟200支。回国入境时，请勿携带违禁物品。
4. 天气：台湾气候海洋性特征显著，四季分明，夏季炎热潮湿，秋季凉爽，冬季寒冷干燥。
5. 货币：台湾使用台币，汇率由当地公布的汇率而定。
6. 语言：普通话，闽南语等。
7. 药物：请自备旅行常用药品。
8. 住宿：个人财物应妥善保管，贵重物品可放于前台的保险箱；离开饭店外出逛街，请携带饭店名片以备迷路时使用。
9. 外币：每人可带人民币现金20 000元或美金5 000元（两种选一）。
10. 购物：以观光为主，若看到喜欢或合适的物品，请速决定是否购买，以免影响旅程时间。
11. 纪律：请牢记旅程中集合时间及地点，团体游览请准时。旅程中如遇特殊情况而需要调整，以领队安排后通告为准。
12. 电压：台湾的电压几乎都是110V，很多饭店的电压设备，可以兼用110V和220V，酒店内一般为圆孔插座，请备好转向插头。
13. 退房：退房时请将私人电话费、饮料费等私人消费小账单交至柜台结清

行程 4　泰一地双飞七日游

线路特色

1. 沙美岛自然保护区——泰国最美的海岛之一。
2. 学做泰国餐——我们将在酒店大厨的耐心教授之下，学会两道在泰国最有特色的泰餐制作方法，品尝到自己亲手制作、地道的泰国菜。
3. 2 晚曼谷国际五星酒店 +3 晚芭提雅五星海边酒店。
4. A-ONE 自助餐、THE ROYAL 自助餐、富贵黄金屋自助餐、PATTAYA PARK 53 楼国际自助餐、KING POWER 国际自助餐，品尝泰国丰富多彩的美食文化。
5. 全程无自费

Day1	沈阳—曼谷	交通：飞机	—	住：曼谷国际五星酒店

沈阳桃仙机场集合，由本社专业领队人员协助办理登机手续，随后搭乘国际航班前往"天使之都"曼谷，在热情好客的泰国导游带领下，大家一同乘坐旅游大巴前往酒店休息，准备迎接美好的泰国之旅

Day2	曼谷	交通：巴士	餐：早、中、晚	住：曼谷国际五星酒店

早餐后，团友们需服装整齐，前往建于十八世纪末期的大皇宫，此建筑物结合泰、中、西艺术风格，金碧辉煌，庄严典雅，雕刻工艺精湛，经历了两百多年的辉煌历史，如今已成为泰国旅游的杰出地标。尤其是供奉于玉佛寺大雄宝殿中的玉佛，是选用一整块稀世珍宝翡翠玉石雕刻而成，属泰国镇国之宝，皇室各种大庆典均在此举办。壮丽美观的宫殿和雄伟万千的佛寺建筑，充分体现出佛教精髓已深植于泰国文化之中，并洋溢着民族与宗教的和谐色彩，令人叹为观止。随后前往码头乘长尾船游湄南河+观水上人家+郑王庙观黎明塔。

温馨提示：泰国大皇宫穿着要求：男性需穿长裤，女性穿着过膝裙子，上身不能露出肩膀及肚脐眼，不能穿拖鞋

Day3	曼谷—芭提雅	交通：巴士	餐：早、中、晚	住：芭提雅当地五星海边酒店

早餐后驱车前往泰国国家"安心旅游认证"的皇家珠宝中心，此处一直不断推出最符合潮流款式且实用的珠宝，来满足不同年龄层、不同需求的客户，您均可放心在此处随意选购。前往珍珠鱼及鳄鱼皮具中心，您可尽情选购各种精美的皮具制品。后前往泰国南部有着东方夏威夷之称的著名海滨度假胜地——芭提雅。抵达后首先展开骑大象+马车游+钓鳄鱼之旅，在丛林田野中骑在大象背上领略独特风光，之后乘坐马车环绕田野、随后乘坐特制船只深入到鳄鱼潭中垂钓鳄鱼，那份刺激与喜悦将会让您终生难忘。而后参观富贵黄金屋，它是泰国芭提雅第一首富耗资 14 亿泰铢、甄选风水宝地重金打造的一座真正富丽堂皇的私家庄园，观看纯金望海观音金佛宝殿，体验真正有钱人的奢华生活，吸收首富的财运。台湾连续剧"流星花园"曾经在里面拍摄。晚上前往泰国罗马竞技场观赏精彩的人妖歌舞表演

Day4	芭提雅	交通：巴士	餐：早、中、晚	住：芭提雅当地五星海边酒店

酒店早餐后前往泰国著名的海洋公园沙美岛展开我们精彩的沙美岛风情游。抵达沙美岛后您既可以在此享受日光浴，也可以投身大海享受悠闲的海岛风光，放松自我、尽享这世外桃源带给您的温馨假期！午餐后返回芭提雅，带您参观三大奇观，广大的庭园，景色秀丽依山面海，椰林兰圃百花吐艳，蓝天绿荫奇石曲径。在导游的带领下参加激情暹罗湾夜游（约 1 小时），此船又名东方公主号，闻名退迩的不是暹罗湾夜景和游船晚餐，而是美女如云的私人游船。泰国美女的精彩歌舞表演令很多人对台上的丽人们雌雄难辨，在船上我们将与她们近距离接触。为您端菜、与您共舞的都是盛装美丽的公主，在此提醒大家，若被美女"骚扰"，最好定气凝神、泰然处之，但请不要向旅行社投诉她们的热情友好。晚上将为您安排泰式古法按摩，让您消除疲惫焕然一新！

※ 注：因 18 岁以下的小孩骨骼还在成长阶段，故不参加此项目，也不可转让。

据泰国旅游工会通知，参团游客 50 岁以上不宜过海岛（坚持要过海岛的必须签署安全免责确认书），60 岁以上游客船家不提供快艇过海岛服务

| Day5 | 芭堤雅 | 交通：巴士 | 餐：早、中、晚 | 住：芭提雅当地五星海边酒店 |

早餐后"入乡随俗"前往泰国当地香火鼎盛的神殿寺进香祈福，为自己、为亲朋好友求得平安好运，而后参观原石博物馆开阔眼界，了解珠宝的原石到底是什么样子。随后前往具有泰国文化特色、占地170万平方米的东芭乐园，这里把传统民俗舞蹈、斗鸡、剑舞、泰拳等演绎得淋漓尽致。后方又有以大象为主题与旅客互动的爆笑演出；以及大象踢足球、画画、特技表演、大象按摩等。之后将是我们此次旅游行程中的一大亮点——泰餐课程，我们将在酒店大厨的耐心教授之下，学会两道在泰国最有特色的泰餐的制作方法，不仅可以亲自品尝到自己亲手所制作、地道的泰国菜，而且我们还会馈赠每位团友一份泰餐原料，回家后您可以为家人带回"泰国味道"

| Day6 | 芭堤雅—曼谷 | 交通：巴士 | 餐：早、中、晚 | 住：曼谷当地五星酒店 |

早餐后启程返回曼谷，途径中途休息站。随后将前往蝴蝶园燕窝中心。之后前往参观皇家毒蛇研究中心，选购用各种蛇类提炼而成的补身蛇药。午餐后游览曼谷最大的国际免税中心——KING POWER，自由选购自己喜欢的商品。晚餐享用 KING POWER 豪华海鲜国际自助餐

| Day7 | 曼谷—沈阳 | 交通：飞机 | 餐：早、中 | — |

前往安南国会殿堂（每逢周一闭馆，调整为五世皇柚木行宫或大理寺），此处为泰国五世皇宫廷的代表性建筑，原为七世皇时代国会所在地，现在泰皇后诗丽吉将皇室收藏的国宝，全国最精华的艺术品陈列其中，并开放给民众参观。前往机场，乘飞机返回沈阳

以上行程仅供参考，最终行程以出团通知为准。
在不减少旅游景点和游览时间的前提下，地接社有权根据当天的天气、交通等实际情况调整景点游览先后顺序

费用说明	
报价包含	
航空交通	提供沈阳至泰国国际往返机票（不得退转改票，详情航班以出团通知书为准）。如果游客因个人原因临时自愿放弃，均不退还
酒店住宿	全程当地五星酒店，双人标准间。如出现单男或单女的情况，我社将安排该客人与其他同性的团友拼房，如未能拼房，需支付单人房附加费，享用单人房间。酒店星级以当地标准评定
团队用餐	详见行程。桌餐十人一桌（六～七菜一汤），自助餐少拿多吃避免浪费。为确保游客利益，如遇机上船上用餐，当地不再含餐，如游客不用团餐表示放弃不退餐费。全程当地用餐，团队餐不含酒水（自动放弃不退餐费）
景点门票	行程中所列景点门票，不含需要另行自愿选择的付费项目和私人消费项目，因普吉岛地接费用为整体报价，若由于游客自身原因放弃游览则景点门票不退
旅游用车	境外旅行社用车将视人数安排旅游车，确保每位游客一个座
旅游保险	旅行社责任险、旅游意外人身伤害保险
服务费	境外导游、司机的小费及服务费
儿童收费	2~12 周岁儿童出行旅游必须与成人同行，收费标准详询销售人员。 行程中含的按摩不适合12岁以下的儿童，儿童不做按摩，不退费用

续表

	报价不含	
签证费	泰国贴纸签证费：240元（提前10天提供护照原件及1张两寸白底照片）。 泰国落地签证费：440元	
额外保险	不含航空险和行李险	
行李托运	因游客行李过大或超重（含拒载）而引起的责任及托运费用均由游客全额承担，任何情况下旅行社不承担任何行李托运费用（购物凭证及出入境有效证件请随身携带，切勿随行李托运。行李损坏或物品丢失、被盗等意外损失费用，需由客人自行承担）	
个人消费	不含行程内标注的自费项目的费用和自费门票、游船及酒店内个人消费、转机时用餐、交通等费用	
单房差价	成单游客参团报名时需补交单人房差。我公司尽量协助成单游客与随行者拼房，详情以境外先付价格为准	
小费说明	不含落地签小费、司机服务等服务性小费。 东南亚是一个小费国家，小费的给予也是观光地区的例行惯例，在此还是要提醒前往泰国旅游贵宾，必要的入境随俗是一定需要的哦！如每天起床压在枕下的小费20铢/人，坐船给船家的小费20铢/人，骑大象坐马车的小费20铢/人，做泰式按摩的小费50铢/人等等，支付小费时请勿使用硬币	
不可抗力	因罢工、大风、大雾、航班取消或更改时间等不可抗拒原因所导致的额外费用	
	报名须知	
签证资料	护照复印件（剩余有效期超过7个月）、出团时携带护照原件+彩色二寸照片一张	
重要提示	1. 我社保留因地接旺季涨价、酒店变更、汇率变化或其他不可抗力原因而调整最终报价和行程的权利。 2. 行程中有部分景点，如遇事故、休息、关闭维修等导致未能入内参观，则退回有关门票费用，游客不得在团归后争议投诉追讨。 3. 凡单人或单数（如三人）报名而未能安排拼房，须缴纳单人房差。 4. 散客拼团，若团队出现单间，我社有权利提前说明情况并调整夫妻及亲属住宿安排，请给予理解。 5. 根据泰国移民局规定：入境泰国游客请携带至少5 000元人民币现金，落地时签证官可能抽查！进泰旅客每人最多可携带一条香烟，超出者将被罚款28 800泰币。如违反泰国政府有权禁止入境，后果自负	
	旅行社服务标准说明	

1. 行程说明

如遇部分景点节假日休息或庆典等，本社有权根据实际情况调整行程游览先后顺序，以尽可能保证游览内容。但客观因素限制确实无法安排的，本社将根据实际情况进行调整，敬请各位贵宾理解配合。

2. 酒店说明

如果因展会、政府活动、当地节日等酒店爆满，我公司会依当时情况调整同级酒店，不会影响酒店标准及整体游览时间。泰国的酒店大多数都是两张床的双标间，也有少量大床房。个别度假型的酒店反而多数是大床房，仅有很少的两张床的双标间，贵宾可报名时向我社申请需要何种房型，我们会尽量向酒店申请，泰国酒店都是申请但不保证。

东南亚酒店无官方公布的星级标准，没有挂星制度（行程中所标明的星级标准为当地行业参考标准，普遍比国内略差一点）。根据当地实际情况评定当地标准，当地四星为网上三星，当地五星为网上四星（评定标准以Agoda. com 及 Booking.com 上的星级为主），任何非官方网站所公布的酒店星级档次，是属于该网站自己的评估标准，不代表该酒店的真实档次或者星级

续表

3. 退费说明

游客因个人原因临时自愿放弃游览、酒店住宿、餐、车、导游服务等费用均不退还。团队机票一旦出票不得改签、换人、退票，如果取消费用不退。

4. 保险说明

我社提供境外旅游意外保险，此保险为我社代投保项目，游客所涉及的任何保险问题请您直接与保险公司联系。

我社推荐游客根据自身情况额外补上医疗50万元或70万元的大额保险，客人根据自身情况可以选择购买。游客意外伤害险不包括游客自身携带疾病、旧病复发，且在出团日期前180天内未经过治疗的疾病（如心脏病复发、高血压、糖尿病并发症、移植手术复发、孕妇、精神病发作等）。

5. 当地习俗说明

泰国是小费制国家，给小费是当地的一种习惯和习俗，也遵循自愿原则，此行程可能遇到如下小费：

床头小费（每天早上起来床头放20泰铢/人）、骑大象（20泰铢/人）、泰式古法指压按摩（50泰铢/人）、长尾船畅游湄南河要买的花（20泰铢/人）、买面包喂鱼（20泰铢/人）、坐马车（20泰铢/人）、泰国佛寺拜佛用的香和鲜花（20泰铢/人）、快艇船家小费（50泰铢/人）。以上仅供参考，实际请以当地导游提示为准！

6. 其他说明

我社处理游客意见以游客交回的《团队质量反馈表》为依据，请您秉着公平、公正、实事求是的原则填写

温馨提示

1. 行程中所列航班号及时间仅供参考，将根据实际情况做出合理调整。

2. 泰国与中国北京有一个小时时差，比北京晚一个小时，请您到达当地把时钟调成当地时间，导游领队集合出发等时间均是以当地时间为准。

3. 在旅途中携带的证件、护照、钱财可寄存在酒店前台保险箱内，建议您随身携带，切勿将贵重物品放至酒店房间、旅游车上，切勿交至他人保管，所有贵重物品请您务必要自己看管好。

4. 境外酒店一般都不具备洗漱用品和拖鞋，请游客出发前自备。

5. 团体游客安排同性二人一房，夫妻可在不影响总房数的前提下尽量安排同住，若出现单男单女，导游有权调配，若游客坚持住单间需支付所增加的房间费用。

6. 旅游团队游客在境外需随团队一起活动，不得擅自离团，请按照导游、领队规定的时间集合。

7. 参观大皇宫请着长裤、有领上衣，女士不能穿超短裙、露背装，不可穿拖鞋。参观国会大厦时女士请着过膝长裙。

8. 泰国规定，每人一次只准携带最多一条香烟入境，请各位游客务必严格遵守，以免产生任何损失。

9. 航空公司规定，经济舱客人托运行李重量不得超过20公斤（如搭乘亚航等航空公司飞机，行李重量不得超过10公斤，每人仅限一件行李），超重部分需额外付费。托运行李前请将上面的旧行李条撕去，以防止本次托运行李时引起误会，导致您的行李运错地方。

10. 准备衣物要根据季节的变化而定，泰国属热带季风气候，全年分为热、雨、旱三季，年平均气温为24 ℃～30 ℃。

11. 出团时请自备牙具、洗漱用品、拖鞋，因亚洲地区酒店不配备此类物品，主要是为了环保及个人卫生。雨伞、太阳镜、护肤品等日用品也请自备，在国外价格很贵。依照首都机场的相关规定，随身手提行李携带的液态物品容积要小于100 mL，若超过此规格则只能托运。

12. 在国外的药房买药必须凭医生处方，且医疗费昂贵，请自备您所需的常用药品。

13. 目前人民币在泰国尚未流通，可以提前在国内兑换好泰铢，或者到达当地跟导游兑换。

14. 飞机飞行过程中不允许使用手机、不允许吸烟，否则将受到法律制裁。

15. 出于汽车保养，各城市间长途行驶时，中途需停息一下，司机停车时因为环保原因不允许开空调，敬请见谅。

16. 所在国家法律规定，司机开车时间不得超过8小时/天，每天必须有至少12小时休息。

续表

17. 旅游车上禁止吸烟、喝汽水及吃带果皮的食物、冰激凌等。果核请用纸包好放入垃圾桶内，直接吐入被视为不雅和蔑视，可能会引起误会。尤其禁止携带榴梿上旅游车，榴梿的味道会招引很多昆虫且影响他人。
18. 东南亚的酒店禁止游客携带榴梿等热带水果进入酒店房间，请您遵守相关酒店规定。
19. 自由活动期间最好结伴而行，并带上酒店名片，记清酒店电话和地址，以免迷路。
20. 在东南亚，大多国家机动车包括行人都要遵循一个与中国截然相反的原则——左侧通行。相应的，车是右手舵，游客从左侧车门上车。过马路请看行人指示灯，绿灯亮时才可通过。乘机、坐车、上船，请注意扶梯，在台阶处站稳，以免扭伤或摔伤身体。
21. 酒店双人标准间，含独立卫生间；因各目的地国对酒店星级的标准存在差异，且有些国家的酒店没有挂牌的标识，故所有酒店的星级标准只能参照常规标准执行。
22. 游客在酒店的额外费用（除房费、早餐外），如长途电话、洗衣、饮品及行李搬运费均自理。
23. 酒店电视上凡有"PAY"或"P"均为付费频道。
24. 入住酒店沐浴时，切勿让水排到浴缸外，如果浸湿地毯，旅客要赔偿相应的费用。
25. 境外酒店可能无热开水供应，您可使用热水器烧开水饮用。
26. 大部分国家所用酒店交流电压皆为220伏特，也有个别情况，所以请自带电源转换器。泰国是双孔圆脚或双孔扁脚标准，中国大陆的电器可以使用。
27. 泰国菜其特点是酸辣香甜，里面使用了大量的作料和天然香料。吃泰餐有几个要注意的地方：首先如果不喜欢辣，在点菜时可向服务员说不要辣。其次不必花费钱财在酒水上，因为泰餐本身味道较重，通常是配白水的。最后到了泰国主食可选吃米饭，泰国香米驰名世界，值得品尝。
28. 乘坐交通工具时，现金、证件或贵重物品请务必随身携带，不应放进托运行李内；外出旅游离开酒店及旅游车时，也请务必将现金、证件或贵重物品随身携带。
29. 酒店不负责游客在客房中贵重物品的安全，请自己随身携带好。
30. 外出时请注意扒手，请保管好个人财物。博物馆、酒店、大堂、百货公司、餐厅等人多的地方，是小偷经常光顾之地，切勿暴露财物在大庭广众之中。
31. 在公共场所不可随地吐痰，丢杂物和烟头；任何场合不可旁若无人地高声说话和喧哗；不可插队，不可靠人太近，保持一臂距离为好。
32. 现在境外大多餐厅是禁烟的，如被查到，将会受到政府的重罚。
33. 当您出国旅游出发前，我们已为您上了一份旅游意外保险，如果游客在旅途中有任何不适或发生医疗事故而需要医疗服务，请立即与紧急联系人联络，医疗费请游客先行垫付并务必保管好所有的医疗单据，以便回国后自行向保险公司索赔在相应旅游保险条例内规定的金额。
34. 同行的游客应集体活动，集体出发，集体返回，请遵守时间，任何人不得逾期或滞留不归。
35. 参加旅游的旅客，所持护照均为自备因私护照，游客应保证本人不在旅游目的地国家所列黑名单当中，出入境如遇到因护照及个人因素所引起的问题而影响行程，由此引起的一切损失（包括团费），均由游客自负。
36. 自身健康不宜乘坐快艇的游客，建议慎重参加水上活动及搭乘快艇！因普吉岛资源有限，过岛所乘船只有可能与其他团队拼船，请谅解！如遇下雨、海上风浪大等不可抗力因素造成不能正常出海、封岛等，我社出于安全考虑，会调整行程顺序或安排其他行程，团费不退，请您谅解！
37. 旅游期间遇到特殊情况如交通、天气等旅行社认为的不可控原因，本公司有权增减或更改某些行程和旅游项目。
38. 由于不可抗力的原因，如政变、罢工、水灾、地震、交通意外等引起的旅游天数和费用的增加，本公司将按实际情况向旅客予以收费。
39. 请自备签证，境外参团的客人自行检查签证是否符合本行程的安排，若因自身原因不能按时参团，恕本社概不负责。
40. 请您务必按出团通知上的集合时间、地点准时到达机场，如不能准时到达，由此而带来的一切后果责任自负。
41. 请不要在托运的行李中放现金、首饰及其他贵重物品，因一旦行李丢失，上述物品均不在赔付范围之内；另外，根据航空公司惯例，名牌行李箱或价格昂贵的行李被损坏或丢失，按普通箱补偿，不作另价赔偿。

续表

42. 航空公司规定此客票出票后不可退票，恕不退款。
43. 购物为个人行为，如果由于商店和海关或机场原因（飞机晚点、银行关门、海关检查时间紧迫等）不能及时退税的，我社不负责办理退税业务，由于退税误机者责任自负。
44. 游客参加水上活动时请根据自身的身体情况，谨慎决定，注意安全。乘坐快艇等水上交通工具时必须着救生衣。
45. 过移民局（边防）、海关时，要听从并配合，不可大声喧哗。
46. 切记不要帮陌生人提行李，以防被人利用，特别是机场内更要注意！因审批手续复杂，请耐心等候出关！根据各国法律的规定游客入境携带香烟、酒类数量均有约束请一定注意。
47. 泰国是佛教国家，请注意当地的风俗习惯，尊重佛教的相关规定。行程中安排的寺庙，周边有很多佛教商品出售，建议有佛教信仰的游客可根据自身需要和喜好在寺庙中挑选。
48. 出发前尽量开通自己手机的国际漫游功能，以便家人、朋友、导游或领队能第一时间联系。
49. 行程中如果出海坐船或参加水上项目等，请选择适当的衣服，并且贵重物品要自己带好，避免掉到水中或弄湿，请一定自己看管好，如遇损坏或丢失旅行社不负责赔偿。
50. 路边烧烤小吃为当地一大特色，但是建议尽量不要随意食用。
51. 因航班、境外旅游车空调都比较凉，建议游客到境外带上一件自己的长袖衣服，以便在旅游车上或乘坐飞机的时候穿上，以免温度差异太大造成身体不适。
52. 如因游客的护照、签证或其他个人问题以及有关边检、海关等政府行为，而导致游客不能如期出境或不能入境的，非旅行社过失，我司概不负任何责任及做任何赔偿。
53. 出门在外，安全第一，遇任何问题都要保证自身生命和财产的安全

行程5　德、法、意、瑞十三天深度体验游
特别注意事项：欧盟规定旅欧期间最少每人每天带够150欧元
线路特色

1. 精选航班：全球顶级大韩航空公司，罗马进、巴黎出，舒适旅程，高质量服务。
2. 童话城堡：外观传说中的白雪公主城堡——新天鹅堡，感受童话的魅力。
3. 意大利名城：永恒之都——罗马、文艺复兴发祥地——佛罗伦萨、水上城市——威尼斯。
4. The Mall：前往欧洲最大奥特莱斯之一的The Mall购物村，尽享折扣，低价抢购心仪品。
5. 香水博物馆：在巴黎宫娜香水博物馆了解法国香水的奥秘。
6. 巴黎一整日自由活动：全天漫步在奥斯曼大街购物，品一杯法式咖啡，品尝法式甜点，尽享法兰西浪漫情调，做一天自由的巴黎人，这将使您的旅行更加完美。
7. 超值赠送自费大礼包：包含价值470欧元的自费景点。
8. 贡多拉游船：乘坐被称为水上法拉利的威尼斯贡多拉游船。
9. 阿尔卑斯山脉——瑞吉山：瑞吉山是阿尔卑斯山的最前沿，被称为山峦皇后，有全世界最早的高山火车和缆车，是英女王唯一登顶的瑞士雪山，可将山下的城镇美景尽收眼底。
10. 金色山口观光列车：明丽的湖水，雄伟的阿尔卑斯山，悠闲的牧场，美丽的葡萄园——您可以尽情受多彩的风景。
11. 巴黎圣母院：不仅因雨果的同名小说而出名，更因为它是巴黎最古老、最宏伟的天主教堂。
12. 凡尔赛宫：入内含讲解。凡尔赛宫是法兰西艺术的明珠。宫殿、花园壮观精美，内部陈设和装潢富艺术性，底层为艺术博物馆。这里也是法国领导人会见外国元首和使节的地方。
13. 卢浮魅影：卢浮宫入内含讲解。卢浮宫博物馆是世界三大博物馆之一，其艺术藏品种类之丰富、艺术价值之高，令人难以想象。其中最重要的镇馆三宝是世人皆知的：《米洛的维纳斯》《蒙娜丽莎》和《萨莫特拉斯的胜利女神》。
14. 塞纳河游船：乘船游览巴黎塞纳河，欣赏沿途浪漫美景、两岸历史名胜及建筑，流连忘返。
15. 塞纳河水上餐厅用餐：让您体验悠闲惬意水上风光的同时还能享受美食

续表

| Day1 | 沈阳—仁川—罗马 | 交通：飞机/巴士 | — | 住：罗马 |

飞行时间约 11 小时 25 分。仁川与北京时差：+1 小时；罗马与北京时差：-7 小时。08：00 沈阳桃仙机场 T3 航站楼二楼 9 号门 E 区。专人协助办理登机出关手续，搭乘大韩航空航班经仁川转机后飞往罗马。19：35 抵达后，安排专车接机，晚上入住酒店休息。

| Day2 | 罗马—The Mall—佛罗伦萨
（约 278 公里） | 交通：巴士 | 餐：早、中、晚 | 住：佛罗伦萨 |

07：30 酒店自助早餐。08：30 游览罗马（约 1 小时）。斗兽场是古罗马时期最大的圆形角斗场，威严而壮观（不入内参观）；旁边是公元 315 年修建的君士坦丁凯旋门，经历了 2 000 年的风风雨雨，仍保存了当初的完美造型。古罗马市集废墟。古罗马市集不仅是古罗马的发源地及市中心，也是罗马七座小山丘的共同交集。参观全世界天主教的中心教皇国梵蒂冈（约 2 小时，如遇重大宗教活动，教堂关闭则改为外观），参观世界最大、历时 150 年修建而成的圣彼得大教堂，这座雄伟壮丽的大教堂内外的雕刻、彩石马赛克的壁画，无一不是超凡入圣的艺术结晶。11：30 中式午餐，六菜一汤。12：30 之后前往 The Mall 购物村。16：00 抵达后自由购物。The Mall Outlets：The Mall Outlets 自由活动，蓝天白云下亲吻名牌，尽量热辣折扣。它坐落在意大利美丽的佛罗伦萨附近，是顾客以最好的价格购买顶级奢侈品牌的首选之地，号称是"五星级购物村"。这里汇集了各种顶级奢侈品牌，其中包括男装、女装、童装、鞋、手提包、配件、香水、珠宝以及礼品和家居用品。顾客在这里还可进行免税购物（时间约 2 小时）。18：00 中式晚餐，六菜一汤。19：00 前往酒店休息。

| Day3 | 佛罗伦萨—威尼斯（约 261 公里） | 交通：巴士 | 餐：早、中、晚 | 住：威尼斯 |

08：00 酒店西式早餐。09：00 佛罗伦萨市区观光（约 1.5 小时），红色圆顶的圣母百花大教堂，由十块浮雕组成，内容以叙述旧约圣经题材为主；市政厅广场，这里有一座建于十三世纪的碉堡式旧宫（现为市政厅），连同整个广场成了一座露天雕塑博物馆，各种石雕和铜像作品栩栩如生，如人们所熟悉的米开朗琪罗的《大卫像》复制品；观赏传统皮革烫花加工工艺。游览后可自由活动约 1 小时。13：00 中式午餐，六菜一汤。13：30 乘车前往意大利水城威尼斯。18：00 中式晚餐，六菜一汤。19：00 晚餐后，入住酒店休息。

| Day4 | 威尼斯—奥地利小镇
（约 450 公里） | 交通：巴士 | 餐：早、中、晚 | 住：奥地利小镇 |

07：30 酒店西式早餐。08：30 游览威尼斯本岛，游览在千万只飞翔的和平鸽中屹然耸立的圣马可大教堂、圣马可广场一直是威尼斯的政治、宗教和传统节日的公共活动中心，矗立于威尼斯市中心的圣马可广场上的圣马可大教堂，曾是中世纪欧洲最大的教堂，是基督教最负盛名的大教堂之一，它同时也是一座收藏丰富艺术品的宝库。历史陈迹叹息桥，它建于 1603 年，因桥上死囚的叹息声而得名，是古代由法院向监狱押送死囚的必经之路（圣马可大教堂+圣马可广场+叹息桥参观 1.5 小时）。搭乘威尼斯贡多拉游船*（含船票）：乘着船身纤巧、船尾镶着金色海马的贡多拉船游威尼斯（时间约 30 分钟，含船票，6 人一条船）。之后自由活动 1 小时。13：00 中式午餐，六菜一汤。14：00 乘车前往奥地利小镇。18：00 中式晚餐，六菜一汤。19：00 晚餐后，入住酒店休息。

| Day5 | 奥地利小镇—慕尼黑—富森
（约 162 公里 / 约 112 公里） | 交通：巴士 | 餐：早、中、晚 | 住：富森 |

07：30 酒店早餐。08：30 早餐后，乘车前往德国慕尼黑。10：00 抵达后，游览慕尼黑市区。从市中心的玛丽亚广场开始慕尼黑之游（城市游览约 30 分钟），装饰富丽堂皇的新市政厅（外观）位于玛丽亚广场北侧，19 世纪末建造的巍峨挺拔的棕黑色建筑，上面像撒了一层白霜。市政厅钟楼上装置有全德国最大的木偶报时钟，每天有多少游人翘首仰望这迷人的表演，聆听那清脆响亮的音乐钟声，一睹古代人物的丰采，惊叹德国艺术之高超。12：00 中式午餐，六菜一汤。13：00 乘车前往富森。15：00 游览童话般的城堡——新天鹅堡（外观），它是巴伐利亚国王鲁道夫二世，为实现其一生理想表现出中古世纪骑士精神所建的梦幻城堡，城堡的最初草稿为剧院画家与舞台设计者所创造，故使其保有如梦如幻的不真实感，让人怦然心动，白色大理石建筑，尖塔高耸，风格独特，迪斯尼乐园即仿此建造。18：00 中式晚餐，六菜一汤。19：00 晚餐后，入住酒店休息。

续表

Day6	富森—瑞吉山—琉森 （约286公里约22公里）	交通：巴士	餐：早、晚	住：琉森

07：30 酒店西式早餐。08：30 早餐后，乘车前往被称为山峦皇后的瑞吉雪山。11：00 抵达瑞吉山*（含首道门票）。瑞吉山是阿尔卑斯山的最前沿，被称为山峦皇后，是瑞士中部最有名的瞭望台。自古以来，它就是一个很有名的观赏日出和日落的地方。在山顶的瞭望台上可以欣赏到阿尔卑斯山脉的全景观和延伸到德国的黑森林和法国的平原。从菲茨瑙和戈尔道出发的齿轮铁路，再加上韦吉斯的观景缆车（含登山交通费用），使瑞吉山旅途成为一个真正难忘的经历。12：00 为方便行程，午餐自理。14：00 琉森市区观光。参观梦幻的琉森湖，琉森湖是瑞士中部的重要湖泊。湖畔的八角水塔曾经是作战时安放战利品及珠宝之处，有一段时间也用作监狱及行刑室；然后参观形似弯月、曲折有趣的卡贝尔桥，之后参观被马克•吐温誉为"世界上最令人悲伤和感动的石头"——狮子纪念碑。狮子纪念碑是琉森数一数二的雕刻作品，一支箭深深地插进了濒临死亡的雄狮背上，狮子面露痛苦的神情，前爪按盾牌和长矛，盾牌上有瑞士国徽。这是为了纪念1792年法国大革命，暴民攻击法国杜乐丽宫时，为保护法王路易十六及玛丽王后而死的786名瑞士军官和警卫所建的纪念碑，意在祈求世界和平，碑的下方有文字描述了此事件的经过（琉森湖+卡贝尔桥+水塔参观1小时）。17：30 中式晚餐，六菜一汤。18：30 晚餐后，入住酒店休息

Day7	琉森—因特拉肯—法国小镇 （约67.5公里/约320公里）	交通：巴士	餐：早、晚	住：法国小镇

07：30 酒店西式早餐。08：30 早餐后，搭乘金色山口列车*（含车票，二等座，时间待定）前往因特拉肯。观光列车带您感受令人窒息的堪称人间天堂的美景。10：30 参观因特拉肯。因特拉肯是少女峰山脚下的一个瑞士小镇，瑞士著名的度假胜地，以一年四季风景醉人著称，小镇位于图恩湖（Lake Thun）及布里恩湖（Lake Brienz）之间，又名湖间镇，是一个标准因观光而兴起的小镇。参观荷黑马特广场，逛镇中心的何维克街（约30分钟），悠闲自在于宽广绿地。12：00 为方便行程，午餐自理。13：00 乘车前往法国小镇。17：00 中式晚餐，六菜一汤。18：00 晚餐后，入住酒店休息

Day8	法国小镇—巴黎（约312公里）	交通：巴士	餐：早、中、晚	住：巴黎

07：30 酒店西式早餐。08：30 早餐后，乘车前往花都巴黎。13：00 中式午餐，六菜一汤。14：00 前往参观凡尔赛宫*（入内参观、含中文讲解），凡尔赛宫殿为古典主义风格建筑，立面为标准的古典主义三段式处理，即将立面划分为三段，建筑左右对称，造型轮廓整齐、庄重雄伟，被称为是理性美的代表。其内部装潢则以巴洛克风格为主，少数厅堂为洛可可风格。17：00 中式晚餐，六菜一汤。18：00 晚餐后，入住酒店休息

Day9	巴黎	交通：巴士	餐：早、中、晚	住：巴黎

07：00 酒店西式早餐。08：00 早餐后前往塞纳河右岸的法国国家艺术宝库卢浮宫*（入内参观，含中文讲解）。在这个建于13世纪、世界上最大的艺术博物馆内，您将有机会目睹的除了最杰出的"镇宫三宝"——神秘的微笑"蒙娜丽莎"、残缺却完美的"维纳斯"及"胜利女神"雕像外，还有达•芬奇的《岩间圣母》、拉斐尔的《美丽的园丁》、安格尔的《土耳其浴室》等众多传世艺术珍品。12：00 中式午餐，六菜一汤。13：00 前往巴黎市区游览：凯旋门地处宽阔的戴高乐广场，这里是香榭丽舍大街的尽头，从戴高乐广场向四面八方延伸，有12条大道，宏伟、壮丽的凯旋门就耸立在广场中央的环岛上面；协和广场上有绿铜色的雕像及美丽的喷泉，中央是来自古埃及太阳神殿的方尖碑，这片宏伟壮丽的广场被法国人称为"世界最美丽的广场"。15：00 前往参观花宫娜香水博物馆（含中文讲解），您可以在这里了解法国香水制作方法，各种花的用处，看到各世纪香水瓶子，做小游戏等有趣的项目。17：30 中式晚餐，六菜一汤。18：30 晚餐后，入住酒店休息

Day10	巴黎	交通：巴士	餐：早	住：巴黎

07：30 酒店西式早餐。08：00 早餐后，全天自由活动。大巴车将带您前往巴黎市中心的繁华地段，您可以在这里尽情购物，或者穿行于大街小巷，或是在街角的咖啡厅小酌一杯，您有一整天的时间尝试做一名巴黎人！全天餐食交通自理。自由活动期间请您注意人身及财物安全，有任何意外情况请随时联系导游×××，请按导游规定的时间集合，集体乘车返回酒店休息。18：00 准时抵达集合地点，乘车返回巴黎附近小城酒店休息

续表

Day11	巴黎	交通：巴士	餐：早、中、晚	住：巴黎

07：30 酒店西式早餐。08：30 眺望高耸的巴黎城市坐标——埃菲尔铁塔（外部参观20分钟）。埃菲尔铁塔得名于设计它的桥梁工程师居斯塔夫·埃菲尔，1889年建成，位于法国巴黎战神广场上的镂空结构铁塔，高300米，天线高24米，总高324米。埃菲尔铁塔设计新颖独特，是世界建筑史上的技术杰作，因而成为法国和巴黎的一个重要景点和突出标志。巴黎圣母院（约25分钟）是一座位于法国巴黎市中心、西堤岛上的教堂建筑，也是天主教巴黎总教区的主教堂。圣母院建造于1163年到1250年间，属于哥特式建筑形式，是法兰西岛地区的哥特式教堂群里面，非常具有关键代表意义的一座，同时，也是法国文学家维克多·雨果所著，于1831年1月14日出版的小说的场景设定所在地。圣母院广场始建于1182年，广场原为举行游行集会而建，现在已发展成为巴黎的市中心，周边有很多纪念品商店和古书店。巴黎中心点在圣母院门口外的圣母院广场中，有个原点（Point Zéro）纪念物，是法国丈量全国各地里程时所使用的起测点。市政厅（外观），这是一座文艺复兴时期风格的建筑。1803年以前，巴黎市政厅广场叫"沙滩广场"；1871年，巴黎公社起义时被焚之一炬；直至1882年，新巴黎市政厅才重新修复落成。12：00 中式午餐，六菜一汤。16：00 搭乘塞纳河游船*（含船票），欣赏象征巴黎财富的两岸名胜。17：00 塞纳河水上餐厅用餐。18：00 入住酒店休息。

Day12	巴黎—仁川	交通：飞机	餐：早	—

飞行时间约11小时50分。早餐后，乘车前往机场，办理退税、登机手续，随后搭乘大韩航空航班飞往仁川，于次日早抵达仁川机场

Day13	仁川—沈阳	交通：飞机	—	—

飞行时间约1小时55分。早上抵达仁川机场，办理转机手续，短暂休息后乘机飞往沈阳，回到温馨的家，结束我们愉快而浪漫的欧洲体验之旅

以上行程仅供参考，最终行程以出团通知为准。
在不减少旅游景点和游览时间的前提下，地接社有权根据当天的天气、交通等实际情况调整景点游览先后顺序

费用说明

报价包含

1. 欧洲国家邀请和签证费。
2. 行程中所标明的欧洲星级标准酒店及早餐。
3. 全程每日午、晚餐以中式餐食为主（用餐标准为六菜一汤），如遇退餐6欧元/人/餐。
4. 全程提供旅游巴士（按人数而定），专业司机。
5. 行程中带*的景点含门票费（卢浮宫讲解、瑞吉山、塞纳河游船、贡多拉游船、凡尔赛宫讲解、金色山口列车）。
6. 国际间往返机票（经济舱）及欧洲境内段机票（含机场税）。
7. 境外旅行责任险。
8. 境外旅游意外险。
9. 全程司导服务费、酒店税

报价不含

1. 护照费、申请签证中准备相关材料所需的制作、手续费，如未成年人所需的公证书、认证费。
2. 此团单间差。
3. 洗衣、电话、饮料、烟酒、付费电视、行李搬运等私人费用。
4. 出入境的行李海关课税，超重行李的托运费、管理费等。
5. 行程中未提到的其他费用：特殊门票、游船（轮）、缆车、地铁票等费用。
6. 公务活动及专业翻译费，转机/火车时用餐费。
7. 旅游费用不包括旅游者因违约、自身过错、自由活动期间行为或自身疾病引起的人身和财产损失

续表

报名须知
1. 旅游者必须保证本人送签材料的真实性，如隐瞒个人真实信息或提供虚假材料而导致使馆签证处拒绝受理签证的，旅游者按照实际产生的费用自行承担损失。 2. 若拒签，损失拒签费1 000元/人。签证签出后主动提出取消走团则损失全款。 3. 除护照原件外，所有递交使领馆的资料均无法退回。 4. 使馆有权利要求客人在送签之后补充其他材料。 5. 是否给予签证、是否准予出入境是使馆及相关部门的权力，如因申请人自身原因提供虚假材料不能及时出签或拒签，不准出入境而影响行程造成相关损失，如签证、机票、地接等费用将由申请人全额承担。 6. 我公司会在送签前收取客人全款，签订出境旅游合同，并出全程机票，如因自身原因在送签后取消走团，将损失全款，所有费用自行承担。 7. 我社会根据客人签证材料收取10万元至20万元的归国担保金，具体金额根据客人实际情况而定，拒绝提供归国担保金或者不向我社提供相应担保函的，损失全部订金，若机票已出，则损失全部团款。 8. 销签说明：团队返回后，请务必将护照及往返登机牌的原件交于领队统一办理销签手续。 9. 如果您已自备签证，请务必提供有效护照及签证复印件，用于核对姓名和签证有效期、出机票等，如因自备签证问题造成行程受阻，相应损失需自行承担。 10. 未满18周岁或无业人员等涉及办理公证书的，公证书费用游客自理，我社代送认证，认证费为200元/本，拒签或取消走团此费用不予退回
法国ADS签证所需材料
个人资料表：手写、机打都可以，信息需真实填写，可以涂抹，个人资料表不直接递送使馆，我们会根据您填写的信息进行使馆网站录入。 护照：护照原件及所有旧护照原件，若旧护照丢失，提供官方开具的丢失证明并盖公章（公安局或出入境管理局开具的，注明什么时间丢失，之前去过哪些国家，有无拒签记录），需打印版，不接受手写版。 照片：近3个月内2寸白底彩色照片4张，照片尺寸要求3.5 cm×4.5 cm。 身份证：身份证正反面复印件（请用A4纸将正反面复印在一张纸上）。 结婚证：结婚证或离婚证复印件。 户口本： （1）户口本全家页复印件，如夫妻不在同一户口本请一并附上配偶户口本全家页复印件。 （2）如果是集体户口，请提供集体户口户主页及本人页复印件。 在职证明： （1）使用公司正规抬头纸打印，并加盖公司红章。 （2）在职证明内容需包括：申请人姓名、本人职务、月收入、现单位入职时间、旅游起止时间、费用由谁支付、负责人姓名及职务（需签字）、单位名称及地址、单位电话、营业执照/组织机构代码证号，并需要注明担保申请人按期回国。 （3）若同行者为同一单位，需在在职证明的最后以名单的形式打在同一份在职证明上。 （4）您也可以提供4张盖公章的空白名头纸，由我社为您代做。 注意：在职证明必须是打印文件（除领导人签字）。 营业执照或组织机构代码证：申请者请提供清晰的营业执照/组织机构代码证复印件，有年检记录，并在复印件上加盖单位公章。 退休证：退休人员提供退休证复印件，不需提供在职信及营业执照。 资产证明： （1）提供近6个月的银行对账单（不接受信用卡对账单，最好为工资卡对账单）。 （2）使馆对账户余额没有具体要求，但余额需尽量在1万元以上。 （3）若无对账单也可提供近6个月的存折复印件。 注意：使馆不承认存款证明及存单。 （4）车产、房产及其他固定资产复印件（如有可提供）

续表

温馨提示
1. 景点说明：行程中未标注"入内参观"的景点均为游览外观；入内参观景点均含首道门票。 郑重承诺：景点实际游览时间约为行程中标注时间！ 2. 行程说明： （1）如遇部分景点节假日休息或庆典等，本社有权根据实际情况调整行程游览先后顺序，以尽可能保证游览内容。但客观因素限制确实无法安排的，本社将根据实际情况进行调整，敬请各位贵宾理解与配合！ （2）行程景点实际游览最短时间，以行程中标注时间为准。 （3）根据国际航班团队搭乘要求，团队通常须提前 3~3.5 小时到达机场办理登机手续，故国际段航班在当地 15 点前（含 15 点）、21 点前（含 21 点）起飞的，行程均不含午餐或晚餐。 3. 酒店标准： （1）行程中所列酒店星级标准为当地酒店评定标准。 （2）欧洲习惯吃简单的早餐，酒店提供的早餐通常只有面包、咖啡、茶、果汁等。 （3）欧洲的三、四星级酒店大堂都比较小，无商场，电梯每次只能乘坐两个人和行李，大部分酒店没有电梯。 （4）欧洲有些酒店的双人标准房会设置一大一小两张床，方便有小孩的家庭游客；还有些酒店双人房只设置一张大的双人大床，放置双份床上用品，有时是两张单人床拼在一起，用时可拉开。 （5）由于各种原因如环保、历史悠久、欧洲气候较温和等，较多酒店无空调设备。 （6）如果酒店爆满，我公司会依当时情况调整住宿城市，但是不会影响酒店星级及整体游览时间。 （7）中世纪的欧洲人都是半卧而眠，他们认为如果平躺就死掉了，所以床都比较短窄。这个历史习惯影响到现在，欧洲床依旧不大。建议您不要同孩子一起睡一张床，影响您的休息。每标间可接待两大人带一个 2 岁以下儿童（不占床），具体费用根据所报团队情况而定；若一个大人带一个 2 岁以下儿童参团，建议住一标间，以免给其他游客休息造成不便。 （8）依照旅游业现行作业规定，本公司有权依据最终出团人数情况，调整房间分房情况（包括夫妻分开住宿及加床）。 4. 退餐说明： （1）欧洲部分城市、城镇没有中式餐厅，将退游客餐费。 （2）欧洲有些城市的中餐厅不接待团用餐，将退游客餐费。 （3）团队行程用餐时间在高速公路休息站，无法安排中餐厅用餐，将退游客餐费。 （4）退餐标准：五菜五欧，六菜六欧。 5. 保险说明： （1）我社提供境外旅游意外伤害保险，"2015 年度江泰平安行旅游意外保险产品出境游保险方案四（申根）"，此保险为我社代投保项目，游客所涉及的任何保险问题请您直接与保险公司联系（咨询及救援电话：95511）。 （2）旅游意外伤害险不包括游客自身携带疾病、旧病复发，且在出团日前 180 天内未经过治疗的疾病（如心脏病复发、高血压、糖尿病并发症、移植手术复发、孕妇、精神病发作等）。 （3）我社推荐客人根据自身情况额外补上医疗 50 万或 70 万的大额保险。 6. 退费说明： （1）如遇天气、战争、罢工、地震等人力不可抗力因素无法游览，我社将按照旅行社协议，退还未游览景点门票费用，但赠送项目费用不退。 （2）游客因个人原因临时自愿放弃游览，酒店住宿、餐、车等费用均不退还。 7. 补费说明： （1）如遇航空公司政策性调整机票价格，请按规定补交差价。机票价格为团队机票，不得改签换人退票。 （2）如果旅游目的地国家政策性调整门票或其他相关价格，请按规定补交差价。 8. 其他说明： 我社处理游客意见，以游客交回的《团队质量反馈表》为依据，请您秉着公平、公正、实事求是的原则填写《团队质量反馈表》。

项目四 出境游计调业务

出境游合同

持普通护照中国公民前往有关国家和地区
入境便利待遇一览表（更新至2021年1月）

知识结构图

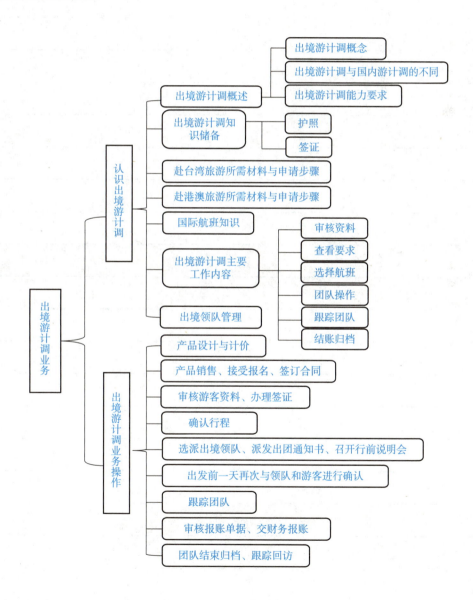

笔记：

参 考 文 献

[1] 陈启跃. 旅游线路设计 [M]. 上海：上海交通大学出版社，2011.
[2] 熊小敏. 旅行社 OP 计调手册 [M]. 北京：中国旅游出版社，2007.
[3] 陈乾康，阙敏. 旅行社计调与外联实务 [M]. 北京：中国人民大学出版社，2006.
[4] 米学俭，尚永利，王国瑞. 旅游计调师操作标准教程 [M]. 北京：旅游教育出版社，2010.
[5] 孙奕. 旅行社计调业务 [M]. 上海：上海交通大学出版社，2011.
[6] 叶娅丽，陈学春. 旅行社计调实务 [M]. 北京：北京大学出版社，2013.
[7] 周晓梅. 旅行社计调实务 [M]. 北京：旅游教育出版社，2012.
[8] 叶娅丽. 旅行社计调业务 [M]. 武汉：华中科技大学出版社，2017.
[9] 王煜琴. 旅行社计调业务 [M]. 3 版. 北京：旅游教育出版社，2018.